# ଫୁଲମନା

# ଫୁଲମନା

ଦିପୁନ ପୁହାଣ

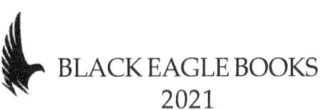

BLACK EAGLE BOOKS
2021

BLACK EAGLE BOOKS

USA address:
7464 Wisdom Lane
Dublin, OH 43016

India address:
E/312, Trident Galaxy, Kalinga Nagar,
Bhubaneswar-751003, Odisha, India

E-mail: info@blackeaglebooks.org
Website: www.blackeaglebooks.org

First International Edition Published by
BLACK EAGLE BOOKS, 2021

**PHULA MANA**
by **Dipun Puhan**

Copyright © **Dipun Puhan**

All rights reserved. No part of this publication may be reproduced, stored in a retrieval system, or transmitted, in any form or by any means, electronic, mechanical, photocopying, recording or otherwise without the prior permission of the publisher.

Cover & Interior Design: Ezy's Publication

ISBN- 978-1-64560-170-8 (Paperback)

Printed in the United States of America

ସ୍ୱପ୍ନ, ସ୍ୱପ୍ନଭଙ୍ଗର ଦୁଃଖ ଓ ପ୍ରାପ୍ତି ପରର ପୁଲକମାନଙ୍କୁ...

# ଭ୍ରମରରେ...

ମୁଁ ଉତାରିସାରିଲିଣି ମୋ ଦେହରୁ ଛଳନାର ସବୁ ବେହରଣ !
କାଢ଼ିଦେଇ ସାରିଲିଣି ମିଛ ମିଛର ମୁଖା !
ଏବେ ଆଇନା ଆଗରେ ଠିଆ ହେଲେ ଦିଶିଯାଉଛି ଯୋଉ ପ୍ରତିରୂପଟି ମୋର,
ସେ ରୂପ ମୋର ଏକାନ୍ତ ନିଜର !

କେତେ ଯୁଦ୍ଧ, କେତେ ରକ୍ତପାତ, କେତେ ଭୟ, କେତେ ଅନ୍ତର୍ଦ୍ୱନ୍ଦ୍ୱର ପୂର୍ଣ୍ଣଛେଦ ପରେ
ମୁଁ ଘୋଷଣାକରିଛି ମୋର ପ୍ରଥମ ଇଚ୍ଛାପତ୍ର; ଅଂତତଃ ଅବହେଳିତ ନରହୁ ମୋ
ନିଜର ନିଜପଣ ଯେତେ ମୋରି ଭିତରେ,
ଏଇ ଟିକକ ସ୍ୱୀକାରୋକ୍ତିରେ ହିଁ ଛାତିତଳେ ଫସିଲ୍ ସାଜି ରହିଥିବା ଯୁଗଯୁଗର ବିଦ୍ରୋହ,
ଏବେ ଫୁଲ ହୋଇ ଫୁଟିବାର ଜିଦ୍‌ରେ ଉନ୍ମାଦ, ଉତାଳ !

ବିଦ୍ରୋହର ମାନେ ଖାଲି ନିଆଁ ନୁହେଁ, ବିଦ୍ରୋହ ବି ଶୀତଳତା ବାଣ୍ଟେ,
ବିଦ୍ରୋହର ମାନେ ଖାଲି ଧ୍ୱଂସ ନୁହେଁ, ବିଦ୍ରୋହ ବି ଫୁଲ ହେଇ ଫୁଟେ ।
ଏତିକି ବୁଝିଛି ବୋଲି ତ ବିଦ୍ରୋହ ନାଁରେ ଫୁଲଟିଏ ଫୁଟେଇଛି ନିଜଠି ।
ଏକାକାର କରି ଦେଇଛି ନିଜକୁ ଫୁଲର କୋମଳ ପାଖୁଡ଼ାରେ !

ଯାହା ପାଇଁ ଏ ବିରୋଧାଭାସର ବିଦ୍ରୋହ, ଯାହା ପାଇଁ ଏ କୋମଳତାର ଅଙ୍ଗୀକାର,
ଯାହାର ମନସାଦ ମେଣ୍ଟେଇବା ପାଇଁ ମୋ ଅନ୍ତଃକରଣରେ ବିନ୍ଦୁବିନ୍ଦୁ ମହୁର ସଂଚୟ !
ସେଇ ପ୍ରେମିକ ଭ୍ରମର ମୋର, ପ୍ରାଣର ଦୋସର ! ଜୀବନରେ ଥରୁଟିଏ ହେଉ
ପଛେ, ଅତିଥି ସାଜି ଆସୁ ମୋ ପାଖକୁ !
ଅପେକ୍ଷାର ଦେହଳୀ ସେପାଖୁ ଶୁଭିଯାଉ ତା'ର ବୀଣାଜିଣା ଗୁଣୁଗୁଣୁ ଗୀତି !
ତା' ମଧୁର ଦଂଶନ ଇ ହେଉ ମୋର ପ୍ରାପ୍ତି, ମୋ ନିୟତି !

ତା'ରି ପାଇଁ,
ଏ 'ଫୁଲମନା'ର ତମାମ୍ ଶବ୍ଦସଜ୍ଜା !

**- ଦିପୁନ ପୁହାଣ**

# ସୂଚିପତ୍ର

| | |
|---|---|
| ଥାଏ ତ ! | ୧୧ |
| ଡିସେମ୍ବରର ସକାଳ | ୧୩ |
| ଥାଉ କିଛିଦିନ ଥାଉ | ୧୫ |
| ବାଲିରଥ | ୧୬ |
| ଫେରିବାର କଥା ଦେଇ | ୧୮ |
| ଅଜ୍ଞାତବାସ | ୨୦ |
| ଫୁଲମନା | ୨୨ |
| ସୁନାରୀ ଫୁଟିଲାଣି ବୋଲି ତ | ୨୫ |
| ରୂପ | ୨୭ |
| ପ୍ରେମିକ | ୨୯ |
| ପରିଚୟ | ୩୧ |
| କାଳିଜାଇ | ୩୪ |
| କାଗଜଡଂଗାର ଗପ | ୩୭ |
| ନବଗୁଞ୍ଜର | ୪୦ |
| ଯୁଦ୍ଧ | ୪୨ |
| ମୁଦ୍ରା | ୪୪ |
| ଏଣ୍ଡୁ ଏଣ୍ଡୁଅ ଗୁରୁ ମୋର | ୪୬ |
| ମୁକ୍ତି ତୀର୍ଥ | ୪୮ |
| ପୁରୁଷ | ୫୦ |
| ସହଯାତ୍ରୀ | ୫୨ |
| ଦାୟାଦ | ୫୪ |
| ମାଝୀ ଗୀତ | ୫୭ |
| ଶୂନ୍ୟତାର ହାତ | ୫୯ |
| ତୁମ ଭଲପାଇବାର ହାତଧରି | ୬୨ |
| ଛଳମୃଗ | ୬୪ |
| ଏଇ ଶୀତର ସହରେ ଆଜି | ୬୬ |
| ରାଇଦାମୋଦର | ୬୮ |
| ଶ୍ୟାମ ଅପବାଦ ମୋତେ ଲାଗିଥାଉ | ୭୨ |
| ପ୍ରାର୍ଥନା | ୭୬ |
| ଅନ୍ଧାର ଅଧାକ | ୭୮ |
| ହତ୍ୟା | ୭୯ |
| ଅପେକ୍ଷା, ଆଇନା ଓ ଉଡାଣ | ୮୦ |
| ଗୋଟିଏ ଦୁଷ୍ଟ ନଈର କାହାଣୀ | ୮୨ |
| ପୁରସ୍ତମ ଏକ୍ସପ୍ରେସ୍ | ୮୪ |

# ଥାଏ ତ !

କେହି ଜଣେ ଥାଏ

ସାଥିରେ ଥାଉ କି ସ୍ମୃତିରେ
ଛାଇରେ ଥାଉ କି ଛଇଳାରେ

ଥାଏ ତ ?

ଥାଏ ବୋଲି ତ
ଏତେ ସାଜସଜ୍ଜା, ଏତେ ସଂଚୟନ
ଭାଂଗିଯିବାର ଟୁକୁଡା ଟୁକୁଡା ଯନ୍ତ୍ରଣାମାନଂକରୁ ବି
ସାଉଁଟି ହୁଏ ଆଉଥରେ ଗଢିହେବାର ସମ୍ମୋହନ !

ଥାଏ ବୋଲି ତ,
ଯେତେ କଂଟକିତ ହେଇଥାଉ ଚଲାବାଟ,
ଚାଲିବାକୁ ବଳାଏ ପାଦ
ଯେତେ ବିଷକୁମ୍ଭ ପୟୋମୁଖ ହେଇଥାଉ ଆଂଜୁଳାକ ଜଳ,
ପି'ବାକୁ ବଢାଏ ଓଠ,
ଯେତେ ଅବିଶ୍ୱସନୀୟ ହେଉ ପଛେ, ରଂଗ ରୂପ, ଛଳନାର କମକୁଟ
ସଯତ୍ନରେ ଚୋଉଭାଂଗ କରି ଅଣ୍ଟାରେ ଗୁଡେଇ ଦେଇହୁଏ
ସଂପର୍କର ବେହରଣ

ଥାଏ ବୋଲି ତ
ଦୁଃଖମାନଂକ ଅର୍ଦଳିକୁ ଅଣଦେଖା କରି
ଓଠ ଗୁଣୁଗୁଣାଏ ଗୋଟେ ନାଁ ନଜଣା ଗୀତ,
ବୈଶାଖର ଡହଡ଼ହରେ ଆମନ୍ତ୍ରିହୁଏ ଗୋଟେ ଖାମଖିଆଲି ଶୀତ
ଲୁହ କୋହକୁ ଏକାକାର କରି ତିଆରି ହୁଏ ଧଇର୍ଯ୍ୟର
ବିରଳ ସ୍ଥାପତ୍ୟ !

ପଥର ନୁହେଁ
କି ଅହଲ୍ୟା ନୁହେଁ

ଅବିକଳ ନିଜକୁ ହିଁ ବସେଇଦେଇ ହୁଏ
ସାରା ଆୟୁଷ୍କାଳ,
ଯାହା ପ୍ରତୀକ୍ଷାରେ !

ସ୍ୱପ୍ନରେ ଥାଉ କି ସ୍ୱପ୍ନଭଙ୍ଗରେ
କାୟାରେ ଥାଉ କି ମାୟାରେ
ଛୁଆଁରେ ଥାଉ କି ନିଆଁରେ

ଥାଏ ତ !

# ଡିସେମ୍ବରର ସକାଳ

କଅଁଳ ଖରାରେ ପଖଳା ସାରାଟା ଅଗଣା !

ଯେମିତି, ଛନ୍ଦ-ମନ୍ଦ ବୁଝୁନଥିବା କୁନି ପିଲାଟିଏ
ଗୁରୁଣ୍ଡି ଗୁରୁଣ୍ଡି ଚାଲି ଆସିଛି କୋଉଠୁ !
କୋଉଠୁ ଯେ ?

ଅଳସ ଭାଂଗି ଉଠିଯାଅ ଏଥର,
ମିଛ ଜଂଜାଳର କମ୍ବଳ କାଢ଼ିଦେଇ ଆସ,
ଆସ, ଘଡ଼ିଏ ବସିଯିବା ପାଖାପାଖି ଏ ଖରାର ସୋହାଗରେ !
ଆସ ।

ଆସ, ଆମ ମଣିଷପଣିଆର ଶେଷ ହାଡ଼ଖଣ୍ଡିକ ଓ ଶେଷବିନ୍ଦୁ ରୁଧିରକୁ
ନୈବେଦ୍ୟ କରି ସଅଁପି ଦେବା ଏ ଲୋଭିଲା ଖରାକୁ,
ଓ ବଦଳରେ ସାଇତିବା ତା'ଠୁ କଅଁଳିଆ ଉଷ୍ମତାରୁ ପୋଷେ

ଦେଖ । ଏଇ ଟିକିଏ ଆଗରୁ, ଏଇଠି
କେମିତି ଭରିଥିଲା ପରସ୍ତେ ଅନ୍ଧାର !
ଜଡ଼ ରାତି, ଅକୁଳାଣ ଶୀତ !
ଏଇ ଟିକିଏ ଆଗରୁ କେମିତି ସଂପର୍କଟେ ଗଢୁ ଗଢୁ
ଶେଥା ପଡ଼ିଯାଉଥିଲା ବିଶ୍ୱାସର ହାତ !
ଏବେ କିନ୍ତୁ ସବୁ ଦେହ, ସବୁ ମୁହଁ
ଦିଶିଗଲେଣି ପରିଷ୍କାର, ଏ ଖରାରେ ।

ଆସ। ଆଉଟିକେ ନିବିଡ କରିଦେବା
ଏ ସଂପର୍କ ଆମର

ଦେଖ! ଏଇ ଟିକିଏ ଆଗରୁ, କଅଁଳିଥିବା ଏ ଖରା,
କେମିତି ପାଲଟି ଯାଉଛି କିଶୋରୀ ନଈଟିଏ!
ବତୁରି ଯାଉଛି ସାରାଟା ଅଗଣା!
ଆସ! ଅବଗାହି ଦେଇ ଆମ ଆଦିମ ଅନ୍ଧାର ଟିକକୁ,
ଆମେ ବି ବତୁରିଯିବା ଏ ଖରାରେ!

ଦେଖ, ଦେଖ!
କେମିତି ବୁଢା ହେଇଯାଉଛି ଏ ଖରା!
ଦେଖ, ଦେଖ!
କେମିତି ନିଆଁ ଚରିଯାଉଛି ଚଟାଣରେ।

ଚାଲ ଏବେ ଫେରିଯିବା ତମ ଆମ ଅନ୍ଧାର ଭିତରକୁ।
ଏ ଖରା ଏବେ ଅଗ୍ନିର ସମୁଦ୍ର!

# ଥାଉ କିଛିଦିନ ଥାଉ

ଥାଉ କିଛିଦିନ ଥାଉ ଅଚିହ୍ନା ଏ ଅନ୍ଧକାର
ଯାଉ ଯାଉ ଦେଇଯାଉ ଫୁଲ ଫୁଟିବା ଖବର

ଥାଉ କିଛିଦିନ ଥାଉ ଫୁଲ ପାଖୁଡ଼ାରେ ବିଷ
ଯାଉ ଯାଉ ବିଂଚିଯାଉ ତୋଫା ଚାନ୍ଦିନୀର ହସ

ଥାଉ କିଛିଦିନ ଥାଉ ଚାନ୍ଦିନୀ ହସରେ ଦାଗ
ଯାଉ ଯାଉ ଭରିଯାଉ ଓଠରେ ଦରଦୀ ରାଗ

ଥାଉ କିଛିଦିନ ଥାଉ ଓଠ ସଂପୁଟରେ ଦୁଃଖ
ଯାଉ ଯାଉ ଆଂକିଯାଉ ହସିଲା ପ୍ରିୟାର ମୁଖ

ଥାଉ କିଛିଦିନ ଥାଉ ପ୍ରେମ ପାଇଁ କଟକଣା
ଯାଉ ଯାଉ କହିଯାଉ ପ୍ରିୟା ଗାଁ'ର ଠିକଣା

ଥାଉ କିଛିଦନ ଥାଉ ଠିକଣା ନିଜର ହେଇ
ଯାଉ ଯାଉ ଜାଳିଯାଉ ମିଳନର ଚିତା ଜୁଇ

ଥାଉ କିଛିଦିନ ଥାଉ ଜୁଇରେ ନିଆଁର ଧାର
ଯାଉ ଯାଉ ଲିଭିଯାଉ ଅଚିହ୍ନା ଏ ଅନ୍ଧକାର

# ବାଲିରଥ

ଯେଉଁ ବିନ୍ଦୁଟାଏରେ ସ୍ଥାପନା କରି ତୁମକୁ
ମୁଁ ବୃତ୍ତାକାରରେ ଘୂରିଘୂରି ତିଆରିଥିଲି
ସଂପର୍କର ପରିଧି ଗୋଟାଏ, ତୁମର ମୋର !
ସେଠି ଆଉ ମୁଁ ନାହିଁ, ଅନେକ ଦିନରୁ ।

ସେ ବିନ୍ଦୁର ବେଦୀରେ ତୁମେ କଣ
ବସିରହିଛ ଏତେବେଳ ଯାଏଁ ?
ଯୋଉଠି ମୋ ପରିଚିତ ଦୁଃଖ
ଓ ଅଭିମାନମାନଂକୁ ପଛମୁହାଁ କରି
ମୁଁ ଚାଲିଆସିଛି ଅନେକ ଦୂରକୁ,
ଯୋଉଠିକି ମୋର ଆଉ ଫେରିବାର ନାହିଁ !

ତୁମେ ଏବେ ଆଗଠାରୁ ବେଶିବେଶି ନିଜର ନିଜର ଲାଗ,
ଯେଣୁ ତୁମଠାରୁ ମୋର କିଛି ପାଇବାର ନାହିଁ
ଓ ହରେଇଦେବାର ଭୟ ନାହିଁ, ଆତୁରତା ନାହିଁ,
ତୁମେ କୁହ !
ତୁମକୁ ବା ମନ୍ତିବି କେମିତି ?

ମୁଁ ଭୁଲିଭାଲି ଆସିଥିବା
ଧର୍ମ ଅର୍ଥ କାମ ମୋକ୍ଷର ବେଦୀ ଉପରେ
ଈଶ୍ୱରତ୍ୱର ଆଧିପତ୍ୟ ନେଇ,
କେତେକାଳ ବସିରହିବ ଆଉ ?

କେବେ ଇଚ୍ଛାହେଲେ ବୁଲିଆସିବ ମୋ ପାଖକୁ,
ଏଇ ବେଳାଭୂମିର ବାଲୁକାରୁ
ମୁଠାମୁଠା ବାଲିର ସୋହାଗ ନେଇ
ତୁମେ ଆଉ ମୁଁ ମିଶି ତିଆରିଦେବା
ବାଲିରଥ, ବାଲିବେଦୀ ଆମ ଦୁହିଁଙ୍କର।

# ଫେରିବାର କଥା ଦେଇ

କଥାଥିଲା
ମୋ ବଢ଼ିଯାଇଥିବା ବୟସର ଚଂଚଳତାକୁ
ତୁମେ ଲିଭେଇଦେବ ଆଉଥରେ,
ଯେମିତି ଲିଭେଇଥିଲ ଥରେ
ଶହେର ତୃତୀୟତମ ଶୂନ ମୋର ମାଟି ସିଲଟରୁ।

ମୋ ବେଲଗାମ୍ ମଣିଷପଣକୁ ମାଂସ ପେଣ୍ଡୁଳାଏ କରି
ଆଉଥରେ କୋଳେଇନେବ
ତୁମ ଟାଆଁସିଆ ହାଡୁଆ ଛାତିରେ,
ଓ କୁହୁକ କାହାଣୀର ପେଡି ଖୋଲି
ମୋତେ ନେଇ ବସେଇଦେବ
ପକ୍ଷୀରାଜର ପିଠିରେ।

କଥା ଥିଲା ଯାତ ଦେଖିଯିବା,
ଲୋକଂକ ଭିଡରେ କାଳେ ହଜିଯିବି ବୋଲି
ତୁମେ ଜୋର୍ କରି ଧରିଥିବ ମୋର ହାତ
ମୋ କୁନିକୁନି ଆଖି ଆଗରୁ ଲୁଚିଗଲେ ଦିଅଁ,
ତୁମେ ଟୋଳିନେଇ ବସେଇଦେବ ମୋତେ କାନ୍ଧରେ।

କଥାଥିଲା ବୋଉକୁ ଲୁଚେଇ
ତୁମେ ମୋତେ ଆଇସ୍କ୍ରିମ୍ ଖାଇବାକୁ ଦେବ,
ସ୍କୁଲ୍ ରୁ ଫେରିବା ବାଟରେ ମୁଁ
ନଈ ଦେଖିବାକୁ ଜିଦ୍ କଲାବେଳେ
ତୁମେ ଦଣ୍ଡେ ଠିଆ ହେଇଯିବ, ମୁଁ ବାଲିରେ ଘର ତୋଳିବି,

କାଗଜର ଡଂଗା କରି ଭସେଇଦେବି ପାଣିରେ, ଆଉ
ତୁମେ ମାଠିମୁଠି ମିଛଟାଏ ତିଆରୁଥିବ
ବୋଉ ପାଇଁ।

ଆହୁରିବି କଥାଥିଲା
ମୁଁ ମିଛ ବାହାନାର ଭିଡ ଭିତରୁ ଛୁଟିଟାଏ ନେଇ
ଦିନେ ଫେରିଆସିବି ତୁମ ପାଖକୁ।
କ୍ରମ ଝାପ୍ସା ଦିଶୁଥିବା ତୁମ ଭାଗବତର ଅକ୍ଷରମାନଂକ ପାଇଁ
ତିଆରିଦେବି ଚଷମା,
ତୁମ ପସନ୍ଦର କଲିକତି ଧଳାଧୋତି ପିନ୍ଧେଇଦେବି ତୁମକୁ,
ତୁମ ପିଲାଦିନର ମଇତ୍ର ନେତ୍ରା ମାଝୀର ନାତୁଣୀ ହାତରେ
ତୁମେ ଛନ୍ଦି ଦେବ ମୋର ହାତ।

କଥାଥିଲା ଯେତେବେଳେ ଫେରିଆନ୍ତି ତ ନିଶ୍ଚୟ!
ପକ୍ଷୀରାଜ ଘୋଡା ଚଢି,
କାଗଜ ଡଂଗାରେ ଭାସି ଭାସି,
ଆଉଥରେ ଗପ ଶୁଣିବାକୁ,
ହାତୁଆ କୋଳରେ ତୁମ ମୁଣ୍ଡ ଗୁଂଜି ଶୋଇବାକୁ,
ଅଂକ ବୁଝିବାକୁ!

ତୁମେ ଇ ତ ଜାଣ,
ଏକରେ କେତେ ଶୂନ ଦେଲେ ଶହେ ହୁଏ
ସେ ହିସାବ ମୋତେ ଜଣା ନାହିଁ ଆଜିଯାଏଁ।

ଆଜି ଏଇ ମାଟିର ସିଲଟରେ
ତୁମେ ଆଂକିଦେଇ ଯାଇଥିବା ଏକୁଟିଆ ଗାରଟାଏ ମୁଁ,
ମୋ ବାଁ ପାଖରେ ନିୟମିତ ଗଢିଚାଲିଛି
କେତେ କେତେ ଶୂନ ଶୂନ୍ୟସ୍ଥାନ!

ଏ ଶୂନ୍ୟତାକୁ ଲିଭେଇବାପାଇଁ
ତୁମେ ହେଲେ ଆଉଥରେ ଫେରିଆସ ଜେଜେ!

# ଅଜ୍ଞାତବାସ

ଥାଉ କିଛି,
ନିଜଠୁ ବି ଗୋପନୀୟ ହୋଇ ।

କିଛି ଅସହାୟତା ଏପରି ଯେ
ତାକୁ ନିଜଠି ଖୋଲିଦେବାକୁ ଡର
ଆଉ ତୁମେ ତ ମୋ ନିଜ ଦେହ ନୁହେଁ
ଦେହଠାରୁ ବହୁ ଦୂର ।

ବଡ଼ ବିଚିତ୍ର ଏ ଦେହ କାରସାଦି,
ଏ ଦେହରେ ଇ ବୃହନ୍ନଳା,
ଏ ଦେହରେ ଅର୍ଜୁନ,
ଏ ଦେହ କେବେ ଶିଂଶପାର ଶାଖା
ଓ ଶାଖାରେ ଗୋପିତ ମୃତ ଶବ,
ସେ ଶବ ଦେହେ ରହସ୍ୟ ପଟଳ
ପଟଳ ଉହାଡେ ପୁଣି ମାଳମାଳ ମାରଣାସ୍ତ୍ର
ଗଦା, ଖଡ୍ଗ, କୁନ୍ତ ଓ ଗାଣ୍ଡିବ ।

କେଜାଣି ?
କେତେ ରୂପ, କେତେ ଚରିତ୍ରଙ୍କ ଚେତାଳରେ
ତିଆରି ଏ ଦେହ !
ଯାହାକୁ ମୁଁ ଦର୍ପଣରେ ଦେଖେ,
ମୁଁ କି ନାଁ ମୁଁ ନୁହଁ ନିଇତି ପରଖେ !

ଥାଉ କିଛି ଧାରବାହିକତା,
କିଛି ଆକସ୍ମିକତା ଏ ଦେହରେ !
ଥାଉ କିଛି ଚପା ଗୁଂଜରଣ,
କିଛି ନ୍ୟାଯ୍ୟଦାବି ଥାଉ
କିଛି ରକ୍ତ ଟକମକ ହେଉଥାନ୍ତୁ ମୋଠି,
କିଛି ଶିଥିଳତା ଥାଉ,
କିଛି ପଡ଼ିଉଠି ଅଭ୍ୟାସ ବଳରେ
ଚାଲିବା ଶିଖୁଥିବା ଶିଶୁ ଓ
କିଛି ବ୍ୟବଚ୍ଛେଦ ଅପେକ୍ଷାରେ
ଲମ୍ବ ହୋଇ ଶୋଇଥିବା ମୃତ ଦେହଂକ ପତିଆରା
ଥାଉ ମୋ ଦେହରେ !

ଥାଉ କିଛି,
ନିଜଠୁ ବି ଗୋପନୀୟ ହୋଇ ।
ଏ ଅଜ୍ଞାତବାସ ନସରିବା ଯାଏଁ
କିଛି କିଛି ନିଜର ଠିକଣା ପୁଣି
ନିଜଠାରୁ ଅପସରି ଯାଉ ।

# ଫୁଲମନା

ଅବଧାନେ ଆଂକିଦେଲେ ଶୃଂଖଳାର ତିନିଟା ମୁଣ୍ଡୁଳା,
ଚରିତ୍ରର ସିଲଟରେ ମୋର,
ଯଥାଆଜ୍ଞା ଅନ୍ୟଥା ନକଲି,
ତା'କୁ ଇ ଲେଖିଲି,
ଅବଧାନେ ଘୋଷେଇଲେ ବଂଚିବାର ସତମିଛ ଶବ୍ଦ,
ଆପେ ଆପଣାକୁ ଛଳିବାର କାରସାଦି
ଶୁଆ ପରି ତାକୁ ହିଁ ରଟିଲି !

ଅବଧାନେ ଥାପୁଡେଇଦେଲେ ପିଠି,
ସାବାସ୍ ! ପଟ୍ଟଶିଷ୍ୟ ମୋର,
ଟାଣିଦେଇ ବ୍ୟବସ୍ଥିତ ରେଖା ଏକ
କହିଲେ ଯା', ଏଇ ତୋର ପଂଥା, ଏଇ ତୋ ନିୟତି।
ସ୍ୱୀକାରିଲି, ପାଦ ଚଳେଇଲି।

ମୋତେ ସମୁଦ୍ର ଡାକିଲା ଆ !
ହାତଗୋଡ ଛାଟିଦେଇ, ଖେଳିବୁ ଲହଡି ଲହଡି ଖେଳ,
ମୁଁ ଛଦ୍ମରେ ହେଲି କାଲ !
ମୋତେ ପକ୍ଷୀଯେ ଭିଡିଲେ ଆ !
ଡେଣା ଛାଟି ଆକାଶେ ଉଡିବୁ,
ଇଚ୍ଛା ଘେନି ଯେ ଡାଳେ ବସିବୁ, ପୁଣି ଯେ ଫଳ ଭୁଞ୍ଜିବୁ।
ମୁଁ ବାଆଁରେଇ ଗଲି !
ମୋତେ ନଦୀଯେ ଡାକିଲେ ଆ !

ତରଳି ଯା, ଭାଂଗିଯାଉ ଛଳନାର ବନ୍ଧବାଡ, ବୁହେଇ ଦେ ସବୁ ଆବିଳତା,
ମୁଁ ଥଥ ମଥ ହେଲି !

ଅବଧାନେ ଗଳା ଝୁଂକାରିଲେ,
ଏଇ ତୋର ପଂଥା, ଏଇ ତୋ ନିୟତି
ଆନ ନ ଚାହିଁବୁ, ଆନ ନ ଦେଖିବୁ
ନାଶ ଯିବୁ ନାଶ ଯିବୁ,

ନଗଲି, ନଗଲି, ନ ଗଲି,
ମୁଁ କାହିଁରେ ନ ଗଲି
ଆଉ କାହାର ନ ହେଲି !

-------

ଏ ବେଳକୁ କୋଉଠି ଥିଲୁ ରେ ଭ୍ରମର ?
ଡାକୁଛୁ ଆ !
ମେଲିଦେଇ ପାଖୁଡା ପାଖୁଡା,
ଫୁଲ ହେଇ ଫୁଟିବୁ ତୁ,
ମଦନେ ମାତିବ ଯୋଗୀ,
ବାଟ ଭାଂଗି ଆସିବ ସମୁଦ୍ର,
ଯେବେ ମହମହ ବାସ ଚହଟିବୁ !

ଆ ! ତତେ ବୋକ ଦେବି, ରୂପ ଦେବି
ବଂଚିବାର ବାହାନା ବି ଦେବି,
ଅବଧାନେ ଆଂକିଥିବା ନିୟତି ତୁଟେଇ ଦେଇ ଆ !
ଯଦି, ଅମଡ଼ା ମାଡ଼ିବୁ
ନିଜ ପଂଥା ନିଜେ ତିଆରିବୁ !

ଆସିବାକୁ କହୁଛୁ ଭ୍ରମର ?
ମିଶିବୁ ମୋ ସହ, ମୋତେ ଆଶ୍ରିବୁ କହୁଛୁ ?
ଗୁଣୁଗୁଣୁଗ ବାଇବୁ ତୋ ଭୁବନ ମୋହନ ବୀଣା,

ମୋତେ ରସିବୁ କହୁଛୁ ?
ଥା' ଥା' ଥା' ରେ ...

ଶୂନ୍ୟ ଥାଉ ପଲଂକ, ମୋ ଗୋପନ ଗୋଲକ,
ଫୁଲ ହୋଇ ପାରିଲି ନା ବାସି ମୁଁ ପାରିଲି ?
ତିଳତିଳ ଡରିମରି କଟିଲା କାଳକ, ଯାହା
ନାଁ ନାଁ ନାଁ ରେ,
ନାହିଁ ନାଁ ନିସ୍ତାର, ମୋତେ ଦଂଶିବୁ କହୁଛୁ ?
ଯା' ଯା' ଯା' ରେ ...

ଆ' ବୋଲି ଡାକିବି କି ଆଉ ?
ତୋର ଦଂଶନକୁ ଡରେ ସିନାରେ ଭ୍ରମର
ମୋର ଶିରାରେ ଶିରାରେ ମହୁ !

# ସୁନାରୀ ଫୁଟିଲାଣି ବୋଲି ତ

ସୁନାରୀ ପରି ଲେଂଥେଇ ଯିବାର ଇଚ୍ଛା,
ପାଇ ନ ପାଇବା, ନ ପାଇ ପାଇବାର ଅହର୍ହ ନୀରାଜନାରେ
ସୁନାରଂଗୀ ହସଖିଏ ବିଚ୍ଛୁରି ଦେବାର ଇଚ୍ଛା
ବେଶି ବେଶି ବାତୁଳିତ କରେ
ଏଇ ସୁନାରୀ ଋତୁରେ....

ଏଇ ସୁନାରୀର ଋତୁରେ ଇ ମନେପଡ଼େ
କେମିତି ଛେଉଣ୍ଡ ସ୍ୱପ୍ନଟାଏ ଆଖିରୁ ମୁକୁଳିଆସି
ଜିଦ୍ କରେ ରାତି ପରେ ରାତି, ଶୁଣିବାକୁ ନାନାବାୟା ଗୀତ
ଓ କେମିତି ମୁଁ ବାଧ୍ୟକରି ଛାତିରୁ ଓଟାରି ଆଣେ ରକ୍ତଭିଜା ସୁରଟାଏ
ଓ ଗାଉଥାଏ ନୀରବର ଗୀତି....

ଏଇ ସୁନାରୀର ଋତୁରେ ଇ ବାଧ୍ୟହୁଏ
ନିଜକୁ ମୁଁ ଆଉଟିକେ ଦୃଢ଼ କରି, ରୁଢ଼ କରି,
ଦୁଃଖ ଆଉ ବେଦନାର ଆଉଟା ଲୁହରେ
ସୁନାପରି ରଙ୍ଗିନ୍ ହେବାକୁ
ଆଗଠାରୁ ଆଉ ଟିକେ ବେଶିକରି ସ୍ୱପ୍ନଟାଏ,
ଗାଢ଼କରି ଆଶାଟାଏ, ଛାତିତଳେ ଗଂଠେଇ ଦେବାକୁ...

ଏଇ ସୁନାରୀର ଫୁଲଫୁଟା ଋତୁରେ ଇ
ନିରାଧାର ଦେହ ମୋର ଗଛଟେ ପାଲଟେ,
ସ୍ୱପ୍ନ ସବୁ ଫୁଲ ହେଇ ଫୁଟେ,

ଡହ ଡହ ପବନରେ ଦୋଳେ,
ପାଖୁଡ଼ା ପାଖୁଡ଼ା ହେଇ ଝରେ,

ଏଇ ସୁନାରୀ ଡାଳରେ ମୋର ଉଡ଼ିଆସି ବସୁଥିବା
କାହୁଁ କେତେ ଜଣା ଓ ଅଜଣା ପକ୍ଷୀ, କେତେ ପ୍ରଜାପତି,
ତୁମରି ସହର ମୁହାଁ ଆକାଶ ପଥରେ
ଉଡ଼ିଗଲେଣି କେବେଠୁ,

କେଜାଣି, ତୁମେ ପାଇଛ କି ନାହିଁ
ସୁନାରୀ ଫୁଟିବାର ଖବର !

ଦକ୍ଷିଣା ପବନ ଭାବି ଝର୍କା ଖୋଲିଲେ ଇ
କାଳ ବଇଶାଖୀ,
ଡହ ଡହ ଶୋଷ

ଏଇ ସୁନାରୀ ଫୁଟିବାର ଋତୁରେ ଇ
ଫି'ଥର ପରି ଏଥର ବି
ବୈଶାଖର ଅବାଧ ପ୍ରବେଶ...

# ରୂପ

ଇଚ୍ଛା ଆଉ ଅନିଚ୍ଛାର ରକ୍ତପାତକୁ
ଆଢୁଆଳ କରି,
ସଜେଇ ହେଉଥିଲା ରହସ୍ୟମୟ ଏକ ରୂପ,
ଅଜାଣତରେ ମୋର !

ଯାଇ ଦେଖେଁ ତ,
ଏ ରୂପ ମୋର ପ୍ରାଣର ଦୋସର !

ଏ ରୂପ, ମୁଁ ପିନ୍ଧି ଆସିଥିବା ରୂପମାନଙ୍କରୁ
ଲାଗେ ଏକଦମ୍ ଅଲଗା,
ମୁଁ ଦେଖିଆସିଥିବା ରୂପମାନଙ୍କରୁ ବି !

ଭୟ ଆଉ ସମ୍ମାନର ମୋଉଚ୍ଛବରେ
ହାତମୁଠାରୁ ଖସିଯାଇ ଭିଡ଼ଭିତରେ
ହଜିଯାଉଥିବା ରୂପ, ଏ ରୂପ ନୁହଁ !
କାହା ଚାହିଁବା ଓ ନ ଚାହିଁବାରେ କିଛି ବି ଯାଏ ଆସେନା
ଏ ରୂପର ।

କେତେ ସାହସ ସତେ ଏ ରୂପର ?
ମୋ ସଂକିତ ପ୍ରାଣକୁ ଡାକେ ଆ !
ଉଡ଼ିବାକୁ ଡେଣା ଦେବି, ଆକାଶ ବି ଦେବି,
ମୋ କଂପିତ ଓଠକୁ ଡାକେ ଆ !

ଗାଇବାକୁ ଗୀତ ଦେବି, ସୁର ଖଂଜିଦେବି
ମୋ ଚକିତ ଆଖିକୁ ଡାକେ ଆ !
ଦେଖିବାକୁ ଦୃଶ୍ୟ ଦେବି, ସପନ ବି ଦେବି
ମୋ କାକୁସ୍ଥ ଦେହକୁ ଡାକେ ଆ !
ଥରେ ପିନ୍ଧି ନେଏ ମୋତେ, କାହାକୁ ବା ଡର ?

ଜାଣେ, ଥରେ ସାଜିଗଲା ପରେ ଏ ରୂପରେ,
ତୁମ ବ୍ୟବସ୍ଥିତ ଆଲୋକମାଳାର ଗହଳି କଟେଇ
ଯୋଉ ଛେଉଣ୍ଡ ରାସ୍ତାଟାଏ ଲମ୍ବିଯାଇଛି ଅନ୍ଧାର ଦିଗରେ,
ସିଏ ହିଁ ହେବ ମୋର ଗନ୍ତବ୍ୟ !
ଓ ସାରାଟା ଜୀବନ ମୁଁ ଚାଲୁଥିବି ସଂପୂର୍ଣ୍ଣ ଏକାକୀ।

ହେଲେ ହେଉ, ଏ ରୂପ ଇ ହେଉ ମୋର
ଚିର ଆଭୂଷଣ,

ଏବେ ମୋର ଆଲୋକକୁ ପିଠିକରି
ଅନ୍ଧାରରେ ମିଳେଇ ଯିବାର ବେଳା !

■

# ପ୍ରେମିକ

ଶେଷକୁ
ମୁଁ ତା'ର ନାଁ ଦେଲି 'ନଦୀ',

ସେ ଖାଲି ଅଳପ ହସିଲା
ଓ ବୋଧ ଦିଆ କୁନି ଶିଶୁଟି ପରି
ବହିଗଲା ମୋ ଅନୁର୍ବର ଭୂମିଖଣ୍ଡ ଉପରେ...

ଆରମ୍ଭରୁ ମୁଁ ତାକୁ 'ଜହ୍ନ' ବୋଲି ଡାକିଥିଲି,
ଅତୁଟ ସ୍ନେହରେ...

ସେତେବେଳେ ସେ ସତେଜ ଦିଶୁଥିଲା,
ତା' ଦେହଯାକ ଭରିଥିଲା ଅତରର ବାସ
ତା' ହସରୁ, ତା' ଆଖିରୁ, ତା' ଓଠରୁ ଓ ଉଚ୍ଚା କପାଳରୁ
ଗୋଟାପଣି ଜହ୍ନର ଆଭାସ,
ତା' ଆସିବା ସାଥେ ସାଥେ
ଘରଯାକ ମିଂଜି ମିଂଜି ତାରାଂକ ପ୍ରବେଶ !

ଓ ତା'ପରେ ହଠାତ୍ ମୁଁ ବଦଳେଇ ଦେଲି ତା'ର ନାଆଁ
'ଜହ୍ନ'ରୁ 'ଫୁଲ'କୁ,
ଯେତେବେଳେ ତା' ବେଣ୍ଟି ପଡ଼ିଯାଇଥିବା
ଟାଣୁଆ ଓ ରୁକ୍ଷ ହାତରେ ସେ ମୋ ଦେହ ଛୁଇଁଲା,
ଓ ମୁଁ ବାରିପାରିଲି ତା' ଭିତରର ଅମାପ ନରମ ପଣକୁ,
ଶତସସ୍ର ଫୁଲଙ୍କ ପାଖୁଡ଼ା ପରି !

ତା' ଛୁଆଁରେ ମୁଁ ଆକାଶ ପାଲଟିଗଲି,
ସେ ଫୁଲରୁ ପାଲଟିଗଲା 'ପକ୍ଷୀ',
ଏବେ ଅବାଧ ଉଡ଼ାଣ ତା'ର ସାରାଟା ଆକାଶ...

ପକ୍ଷୀ ହେଲା ଦିଗହରା
ଦିନ ହେଲା ଶେଷ।

ମୁଁ ନିଜକୁ ଠିକଣା କଲି।
ମେଲିଦେଇ ଭରସାର ଡାଳ ପତ୍ର ଯଥା।
ସେ କିନ୍ତୁ ଜଡ଼େଇ ଗଲା ମୋ'ଠି ଏପରି,
ଏତେ ନିବିଡ଼ ଭାବେ ଯେ
ମୁଁ ତା'ର ନାଁ ଦେଲି 'ଲତା'।

ଯାଃ !
ଯେତେ ସବୁ ବାଜେ କଥା !
ଏ 'ଜହ୍ନ' ଆଉ 'ଫୁଲ' ଆଉ 'ପକ୍ଷୀ' ଆଉ 'ଲତା',
ଏସବୁ କି 'ପ୍ରେମିକ'ର ନାଁ କେବେ ହୁଏ ?

ମୁଁ କହିଲି,
କାହିଁକି ନ ହୁଏ ?
ଦେଖିବାରେ ଥାଏ ଯଦି ନୂଆପଣ,
ପ୍ରେମର ସମୁଦ୍ରଟାଏ ଛାତି ତଳେ ବହୁଥାଏ ଯଦି !

ଓ ଶେଷକୁ
ମୁଁ ତା'ର ନାଁ ଦେଲି 'ନଦୀ' !

ସେ ଖାଲି ଅଳପ ହସିଲା,
ଓ ବୋଧ ଦିଆ କୁନି ଶିଶୁଟି ପରି
ବହିଗଲା ମୋ ଅନୁର୍ବର ଭୂମିଖଣ୍ଡ ଉପରେ...

■

# ପରିଚୟ

ବଂଚିଛି,
ଏତିକି ମୋର ପରିଚୟ !

ଏ ପରିଚୟ, ଅବସୋସର ପରିଚୟ !
କହିକି ପାରିଲି କେବେ - ନେଏ
ତୁଟେଇ ନେଏ ମୋ'ଠୁ
ତୋ ନାଁ, ଗାଁ, ଠିକଣା ଯେତକ
ଉତ୍ତାରିନେଇ ତୋ ଭାଗର ଛାଲ, ମାଂସ, ରକ୍ତତକ ମୋ ଦେହରୁ
ଶହଶହ ଅତୃପ୍ତ ପରିଚୟଂକ ଶୋଭାଯାତ୍ରାରେ ମିଳେଇ ଯାଆ
ଦୂର କେଉଁ ଅନ୍ଧାର ରାତିରେ ?
ସଜ ଧୂଆ ସକାଳଟେ ଲୋଟି ପଡ଼ିବ କାଳେ,
ଅଗଣାରେ ମୋର
ନୂଆ ଏକ ପରିଚୟ ହୋଇ !

ଏ ସକାଳ, ଉପହାସର ସକାଳ !
କିଛି ବି ଲୁଚେନା ଏଠି,
ସବୁ ଯତ୍ନ, ସବୁ ବାହାନା ପରେ ବି
ସବୁକିଛି ଦିଶିଯାଏ ଜଳଜଳ, ଏ ସକାଳ ସଜେଇ ଦିଏ
ଉପହାସିତ ଦୁର୍ବଳତାକୁ ଆଲୁଅରେ ବୋଲି
ଡାକିବିକି ଅନ୍ଧାରକୁ ?
ଆ ! ତୋତେ ପିନ୍ଧିନିଏ
ଅଂତତଃ ରାତିଟାଏ ଜୀଇଁବାକୁ ଦୀର୍ଘ ନିଶ୍ୱାସରେ ?

ଏ ରାତି, ଭୟଂକର ରାତି !
ମୁଠାଏ ଜହ୍ନର ସୋହାଗ ଯଦିଓ
ବିଂଚିଯାଏ ଦେହସାରା କେବେ ଓ କେମିତି !
ଅଭିମାନ କରିବିକି ଆଉ ?
ତୋଳି ଧରି ଆକୁଳରେ କହିକି ପାରିବି ସତେ !
ଜହ୍ନରେ !ଅନ୍ଧାରକୁ ଭାରି ଡର,
ଏଇମିତି ସାରାରାତି ଚରିଯାଆ
ଦେହରେ ମୋହର !

ଏ ଦେହ, ବାଲିବନ୍ତର ଦେହ !
ନିଜେ ନିଜେ ଜଳୁଥାଏ
ଜାଳୁଥାଏ ସହଚର୍ଯ୍ୟାର ଛାଇହାତ ଯାଚିଥିବା
ନିରୀହ ଉଦ୍ଭିଦମାନଂକୁ,
ଜାଳୁଥାଏ ଛାତିରେ ମୋ ନୂଆକରି ଥାପିଥିବା
ପଥିକର ପାଦ ତଳ,
ଅନିଚ୍ଛାରେ ମୋର !

ଏ ଜ୍ୱଳନ, ପୋଡାଭୂଇଁର ଜ୍ୱଳନ !
ଯେତେ ସ୍ନେହ, ପ୍ରେମ, ଚୁମ୍ବନରେ
ଦୟା, କ୍ଷମା ଓ ଅନୁକଂପାରେ ଭିଜିଯାଉ ନା କାହିଁକି
ଏ ମାଟି ଉର୍ବରା ହେବାର ନୁହେଁ
ପହ୍ଲେଇଯିବାର ନୁହେଁ,
ନୂଆ ହୋଇ ଜୀଇଁବାର ବୀଜ ବୁନ୍ଦୁଟାଏ ବି
ପଲ୍ଲବିଯିବାର ସଂଭାବନା ନାହିଁ
ଏ ମାଟିରେ !

ହଁ !
ବଂଚିଛି,
ଏତିକି ମୋର ପରିଚୟ !

ବେଳେବେଳେ ବ୍ୟର୍ଥତାର ଦିନଚର୍ଯ୍ୟାକୁ ବି
ଭୋଗିହୁଏ ଖୁସି ଖୁସି,
ଏଇ ବାହାନାରେ !

# କାଳିଜାଇ

କିଛି ବି ବଦଳିନି ଏଯାଏଁ,
କିଛି ବି ବଦଳିବାର ନାହିଁ,

ଗୋଟେ ଅକାତକାତ ଗଣ୍ଡର
କଳା ମଚମଚ ପାଣି,
ତା' ଭିତରେ ମୁହଁ ଲୁଚେଇ ବସିଥିବ ପଥରର ଟାପୁ
ଓ କେଇ ଖଣ୍ଡ ମେଘର ଷଡଯନ୍ତ୍ର !

କଣ ଏତିକି ଯଥେଷ୍ଟ ନୁହେଁ ସ୍ୱପ୍ନ ଭଂଗ ପାଇଁ ?
ଏତିକି ଯଥେଷ୍ଟ ନୁହେଁ ରୋଧିଦେବା ପାଇଁ କାହା ଆତ୍ମାର ନୌଯାତ୍ରା ?
ଏତିକି ଯଥେଷ୍ଟ ନୁହେଁ କରିବାକୁ ବିଧିବଦ୍ଧ ହତ୍ୟା ଏ ଝିଅର ?

ମୋ ଅଜଣାତରେ,
ମୋ ଅବଧାରିତ ଭାଗ୍ୟର ସିଲଟରେ
କିଏ ସେ ଯାଇଛି ଲେଖି
'ଦୁହିତା, ଦୁଇ କୁଳକୁ ହିତା' ବୋଲି କରି !
ତ ମୁଁ ଯୁଗଯୁଗ ତାକୁ ହିଁ ରଟୁଛି,
ମୋ ନିଜର ହିତ କଥା କିଏ ପଚାରୁଛି ?

ବେଳେବେଳେ ଭାବିଛି
ଉତାରି ଦେବି ଏ ଦେହରୁ ଯେତେ ମହନୀୟତାର ଘା'
ଯାହା କାଳକାଳ ମୋତେ ହିଁ ମାରି ଚାଲିଛି ମୋ ଭିତରେ
କୋଉ ଅଜଣା ରୋଗ ଭଳି...

ଓ ଗଳା ଫଟେଇ ଚିତ୍କାର କରି କହିବି
ନିଅ ମୁଁ ଫେରେଇଦେଲି ପୃଥିବୀର ସହନଶୀଳତା,
ଏହା ଏବେ ଅସହ୍ୟ ମୋ ପାଇଁ।

ନିଅ ମୁଁ ଫେରେଇଦେଲି କୋମଳତା ଫୁଲମାନଂକର
ମୋ ଦେହ ଏବେ ଭୀଷଣ ପଥର...

ନିଅ ମୁଁ ଫେରେଇ ଦେଲି ଆକାଶର ସବୁଯାକ ସୀମା
ମୁଁ ଏବେ ସାଦାସିଧା ମାପଚୁପ ନାରୀଟିଏ,
ନୁହେଁ କାହା ଜନନୀ, ଭଗିନୀ, ଜାୟା
ନିଅ ମୁଁ ତୁଟେଇ ଦେଲି ଯେତେ ଚୁକ୍ତି,
ଯେତେ ରାଜିନାମା

ମୁଁ ବୁଝିପାରେନି
କାହିଁକି ମୋର କୂଳ ବୋଲି କିଛି ହିଁ ନଥାଏ।
ମୁଁ ହିଁ ଧନ୍ଦାଳି ହେଉଥାଏ ଚିରକାଳ
ଏ କୂଳରୁ ସେ କୂଳ
ସେ କୂଳରୁ ଏ କୂଳ
ଦୁଇ କୂଳର ହିତରେ...

କିଏ ଖଂଜି ଦେଇଛି
ନାରୀକୁ ଦେବତା ସଜେଇବାର ଚକ୍ରାନ୍ତ ?
ନାରୀଟିଏ ନାରୀ ହେଇ ରହିଗଲେ, କାହାର କି ଯାଏ ?

ଆଜି ଆଉ ମହନୀୟ ହେବାପାଇଁ ଇଚ୍ଛା ନାହିଁ ମୋର,
ଇଚ୍ଛା ନାହିଁ ହିତ ସାଧିବାର,
କୋଉ ଅଜଣା କୂଳର

ତେଣୁ ଡଂଗାରେ ବସିବା ବେଳେ
ମୁଁ ଆଜି ଜମା ବି କାନ୍ଦିନି'
ହସି ହସି ଶଂଖୋଳିଛି ବୋଉଳକୁ,
ବୋଉକୁ କହିଛି ଆଉ ନଲୋଡ଼ିବା ପାଇଁ !

ମେଘଂକୁ କହିଛି ଆଉ ଆସିବନି ଅଚାନକ୍ ଏଇମିତି,
ପବନକୁ କହିଛି ଏଥରକ ଧିରେ ବହିବାକୁ,
ନାଉରିକୁ କହିଛି କାତ ଛାଡି
ଡେଇଁ ଯିବୁନି ପାଣିକୁ, ଆଗଥର ଭଳି...
ବାପାଂକୁ କହିଛି- ବାପା ଫେରିଯାଇ ଜଣେଇବ ଗାଁରେ
ଝିଅ ମୋର ବାଛିନେଲା ନିଜ ବାଟ ନିଜେ,
ଆପଣା ଇଛାରେ

ପାଣିରେ ମୁହଁ ଲୁଚେଇ ବସିଥିବା ଅଦୃଶ୍ୟ ଟାପୁକୁ କହିଛି
ଉଠି ଆସିବୁ ପାଣିରୁ,
ନିର୍ଦ୍ଧାରିତ ଗଣ୍ଡ ପାଖ ହେଲେ,

ସମସ୍ତେ ଦେଖିବେ ଏଥର
କେମିତି ଖୁସି ଖୁସିରେ ଡେଇଁ ପଡୁଛି ଝିଅଟିଏ
ପାଣି ଭିତରକୁ,
ନିଜ କୂଳ ନିଜେ ଖୋଜିବାକୁ...

# କାଗଜଡଂଗାର ଗପ

ଓ ଠିକ୍ ଏତିକି ବେଳକୁ ହେଲା ବର୍ଷା !

ମୁଁ କାଗଜଡଂଗାରେ ଚଢ଼ି
ବୁଲି ବାହାରିଲି, ତୁମରି ସହର,
ଓ ଭାସି ଭାସି ପହଂଚିଲି ଯୋଉ ନିର୍ଜନତାର ଗଳିରେ
ସେଇଠି ତୁମରି ଘର !

ଘରର ଝରକା ଖୋଲା,
ଝରକାର ସେପାଖରୁ ଲୁହ ଲୁହ ଆଖିହଳେ,
ଆଖିଭର୍ତ୍ତି ଅଭିମାନ !
ଦୁଷ୍ଟ ଝିଅ !
ଏଇମିତି ବରଷାରେ, ଝରକା ପାଖରେ
ଏକା ଏକା କାନ୍ଦିବାର ଅଭ୍ୟାସଟା ଏଯାଏଁ ଛାଡ଼ିନ ?

ମୁଁ ଦୁଆର ମୁହଁକୁ ଗଲି, କଲିଂବେଲ୍ ଚିପିଲି, ତୁମେ ଦରଜା ଖୋଲିଲ,
ପଚାରିଲ- କେତେବେଳୁଁ ହେଲାଣି ଏ ବର୍ଷା ? ଜାଣ ?
ମୁଁ କହିଲି- ପାଖାପାଖି ହଜାରେ ବର୍ଷରୁ,
ତା'ଲେ ତମେ କାହିଁ ଆସିବାରେ ଏତେ ଡେରି କଲ ?
ତମେ ଓଠରେ ଭାଷିଲ ସିନା, ଆଖିରେ ବର୍ଷିଲ...
ମୁଁ କହିଲି- ଆସ ଆସ ମୁଁ ଆସିଛି କେତେ ଦୂରୁ,
କେତେ ବିପତ୍ତିରୁ, ଅତୀତରୁ, ଲବଂଗ ଦ୍ୱୀପରୁ,
ଦେଖ ଦେଖ ମୁଁ ତୁମର ପ୍ରିୟ ପଳାତକ,

ଆସିଛି ଆସିଛି ଫେରି
ଆସ ଯିବା କାଗଜ ଡଂଗାରେ ବସି,
ଭାସି ଭାସି ଦିଗଂତ ସେପାରି

ପାଦ ଅଳତାରୁ କିଛି,
ଆଖି କଜଳରୁ କିଛି,
ଅତୀତ ଦାଗରୁ କିଛି ଧୋଇ ଦେଇ ବରଷା ପାଣିରେ
ତୁମେ ଧିରେ ଆସି ପାଖରେ ବସିଲ-
ଓ ପଚାରିଲ କୋଉଠି କି ଯିବା ?
ଯାଭା, ସୁମାତ୍ରା, ବର୍ଣ୍ଣିଓ ନା ବାଲି ?
ମୁଁ କହିଲି - ଯୁଆଡେ ଭିଡିବ ସୁଅ,
ଯୁଆଡେ ଟାଣିବ ପାଲ, ଯୁଆଡେ ବାହିବ ନାଆ ମାଝି !
ସେ ଆଡକୁ ଭାସି ଭାସି ଯିବା ଚାଲି...

ଭାସି ଭାସି ଯିବା କୂଳ କିନାରା ନଥିବା ସୁଅରେ,
ଯେମିତି ଥରେ କଲେଜ୍ ବାରଣ୍ଡାରୁ, ମୋ ଡାଏରୀର କାଗଜରୁ,
ଡଂଗାଟାଏ ତିଆରି,
ଭସଉ ଭସଉ ବର୍ଷାର ଧାରରେ, ଆମେ ଭସି ଯାଇଥିଲେ
କୋଉ ଅଜଣା ଦ୍ୱୀପକୁ....

ନଂଗର୍ ପକା ତ, ନଂଗର ପକାରେ ମାଝି,
ଏଇ ତ ସେ କୂଳ, କାଗଜ ଡଂଗାର ଘାଟ
ଏଇ ଘାଟେ ଦିନେ ଲାଗିଥିଲୁ ଆମେ ଆସି
ଏ ଦେଶର ନାଁ ଦେଇଥିଲୁ ଆମେ କାଗଜ ଡଂଗାର ଦେଶ
ଏ ଦେଶେ ପ୍ରିୟାର ପାଦର ପାଉଁଜ ଯାଇଥିଲା ଦିନେ ହଜି

ଖେଳିଗଲୁ କେତେ ଖେଳ
ନିଶ୍ୱାସ, ବିଶ୍ୱାସ ଏକାକର ହେଲାଦେହ ଭିଡିନେଲା କୋଳ,
ଫରଦ ଫରଦ କାଗଜରେ ଡଂଗା କରି ଭସେଇଲୁ କେତେ,

ଭାସୁ ଭାସୁ ଯେତେ ବଳକା ସୋହାଗ ସବୁ ନେଇଗଲା ପୋଛି,
ହଜାରେ ବରଷ ବ୍ୟତୀତ ହେଲାଣି ଅତୀତ ରହିଛି ତେଜି...

ନଂଗର୍ ପକା ତ ନଂଗର୍ ପକାରେ ମାଝି

ସତ କହ ମାଝି !
ସିଏ କି ସେମିତି ଥିବ ?
ବରଷା ଆସିଲେ, ଝରକା ପାଖେ ମୋ ବାଟ ଚାହିଁ ବସିଥିବ ?

ଓ ଠିକ୍ ଏତିକି ବେଳକୁ ହେଲା ବର୍ଷା,

କାଗଜ ଡଂଗାଟେ ଧରି ମୁଁ ଅବୋଧ ଶିଶୁ ପରି ଦୌଡିଗଲି
ବର୍ଷାର ଉଷୁମ ଆଲିଂଗନ ଭିତରକୁ...

# ନବଗୁଞ୍ଜର

ଅବକ୍ଷୟ ପୃଥିବୀର
ସବୁଠାରୁ ଉଚ୍ଚା ଆଉ ନିରାପଦ ଟାୱାର ଉପରେ ବସି
ଏକ ବ୍ୟାଟେରି ଦିଆ ରବର୍ ଚଢେଇ,
ଗାଉଅଛି ମଣିଷର ଜୟଗାଥା,
ଘଡି ମାରିମାରି...

ଏଣେ ଖାଣ୍ଡବବନରେ ଜଳେ,
ହୁତୁହୁତ୍ ଲାଳସାର ନିଆଁ,
ଜାଳିପୋଡ଼ି ଛାରଖାର୍ ଯେତେ ସବୁ ଗଛବୃଛ,
ଜୀବଜନ୍ତୁ, ଝରଣା, ପାହାଡ଼,
ମାଟି ଗର୍ଭେ, ପଥର ସନ୍ଧିରେ,
ଫସିଲ୍ ହୁଏ କେତେକେତେ ପ୍ରଜାତିର ଅନ୍ତିମ ସ୍ୱାକ୍ଷର....

ମଦମତ୍ତ ମଣିଷ ଆଖିରେ ନାଚେ
କଂକ୍ରିଟ୍ ର ପ୍ରଣହୀନ ଇନ୍ଦ୍ରପ୍ରସ୍ଥ,
ପ୍ରକୃତିର ଅମୃତ ସଂପଦ ଯେତେ
କ୍ଷଣିକରେ ବିନ୍ଧିଦିଏ ଧ୍ୱସଂର ନାରାଚ !

ଚୋରିହୁଏ ହଳଦୀବସନ୍ତ ଋତୁ
କୂଳ ଖାଏ ଅଶାନ୍ତ ଦରିଆ,
ନର୍ଦ୍ଦମା ପାଲଟେ ନଦୀ,
ମେଘ ଆସି ଫେରିଯାଏ

ଚାତକର ଦୁଆର ମୁହଁରୁ,
ପାହାଡ଼ରେ ଫୁଟି ଦିଶେ ସଭ୍ୟତାର ଘାଆ !

ଜମି ହୁଏ ଅନୁର୍ବରା
ପବନରେ ପ୍ରାଣଘାତୀ ବିଷ
ଜଳ ହୁଏ ମହରଗ
ଆକାଶର ଅସରନ୍ତି ଶୋଷ,

ତଥାପି ସରେନା କେବେ ପ୍ରଗତିର ଇନ୍ଦ୍ରପ୍ରସ୍ଥ ଗଢା
ତଥାପି ଥମେନା ନିଆଁ,
ସରେ ନାହିଁ ଖାଣ୍ଡବଦହନ !

ନତଜାନୁ ସମୟ ତା'
ନୀରବ ଓ ଜୁଳୁଜୁଳୁ ଆଖିଦୁଇ,
କରୁଥାଏ କାକୁତିର ଆର୍ତ୍ତ ନିବେଦନ -

କହ ପ୍ରଭୋ !
ଆଉ କେତେ ଡେରି ?
ଦେଖିବାକୁ ତୋ ନବଗୁଞ୍ଜର ବେଶ,
ପଶୁ, ପକ୍ଷୀ, ସରିସୃପ, ମଣିଷର ବିଚିତ୍ର ସମଷ୍ଟି !
ନାଶିବାକୁ ଅର୍ଜୁନର ଅହଂକାର
ରୋଧିବାକୁ ଏ ଘୋର ବିପତ୍ତି,
ଫେରିବାକୁ ପୃଥିବୀର ହୃତ ସନ୍ତୁଳନ ?

ଆଉ କେତେ ଶିକ୍ଷା,
କେତେ ବା ସମୃଦ୍ଧି ବାକି,
ଶୁଣିବାକୁ ଚେତନାର ନବଗୁଞ୍ଜରଣ ?

# ଯୁଦ୍ଧ

ଗୋଟେ ଯୁଦ୍ଧର ପ୍ରସ୍ତୁତିରେ ମୁଁ,
ଅନେକ ଦିନରୁ !

ବାଜିବ ବାଜିବ ହେଇ ଅଟକି ରହିଛି ପଂଚଜନ୍ୟ,
ଆଉ ଟିକେ ଉର୍ଜା, ଆଉ ଟିକେ ଦମ୍ଭ,
ଆଉ ଟିକେ ରକ୍ତର ଉଷୁମ
ଭରଣା ହେବାକୁ ଅଛି ବାକି,
କମର କଷୁ କଷୁ ଦି'ଆଂଗୁଳ
ନିଅଣ୍ଟ ପଡୁଛି ଡୋର

ଛାତିରେ ଛେପ ଢୋକି
ମୁହଁରେ ସିଂହର ହୁଂକାର ନେଇ
କେମିତି ଡେଇଁପଡିବାକୁ ହୁଏ ରଣଭୂମିକୁ
ଶିଖୁ ଶିଖୁ, ଗଡ଼ି ଯାଉଛି ଯୁଦ୍ଧର ମିଆଦ

ନିଶ୍ୱାସର ଅଥିର ପଣରେ
ଦୋହଲି ଯାଉଛି ମୋର ଦ୍ୱନ୍ଦର ଶିବିର,

ଆଉ କେତେ ପାହୁଣ୍ଡ ଆଗକୁ ଗଲେ କୁରୁକ୍ଷେତ୍ର ?
କେତେ ପାହୁଣ୍ଡ ପଛରେ ମୁଁ ଛାଡି ଆସିଲି
ହସ୍ତିନା ନଗରୀ ?

କହିବ କି ଚକ୍ରଧର ?
କୋଉ ନାଁରେ ମନେରଖେ ଇତିହାସ ତାକୁ,
ଯିଏ ଏଇମିତି ସାରିଦିଏ ସାରାଟା ଆୟୁଷ
ଲଢ଼ିବ ଲଢ଼ିବ ହେଇ,
ଯୁଦ୍ଧଟାଏ ଲଢ଼ିପାରେ ନାହିଁ ?

ଗୋଟେ ଯୁଦ୍ଧର ପ୍ରସ୍ତୁତିରେ ମୁଁ
ଅନେକ ଦିନରୁ,

କେହି ତ ବୁଝିଲେ ନାହିଁ,
ମୁଁ ଲଢୁଛି ସବୁଠୁ କଠିନତମ ଯୁଦ୍ଧ ନିଜସହ ନିଜେ,
ପଂଚଜନ୍ୟ ଶୁଭିବା ଆଗରୁ !

■

# ମୁଦ୍ରା

ନାରୀ ଓ ପୁରୁଷ
ମୁଦ୍ରାର ଦୁଇଟି ପାର୍ଶ୍ୱ

ନିରୁତା ନାରୀତ୍ୱରେ ତିଆରି ହୁଏନି ମୁଦ୍ରା
କି ଗୋଟାପଣେ ପୁରୁଷତ୍ୱରେ...

ପୁରୁଷତ୍ୱର ଖାଦରେ ଗୋଳେଇ ଯାଆନ୍ତି କିଛି ନାରୀ
ଓ ନାରୀତ୍ୱର ଖଂଜରେ ଆଶ୍ରୟ ନିଅନ୍ତି
କିଛି ପୁରୁଷ

ପୂର୍ଣ୍ଣ ହୁଏ ମୁଦ୍ରା !

ମୁଦ୍ରା !
ନାରୀ ନୁହଁ !
ପୁରୁଷ ବି ନୁହଁ !
ଏ ମୁଦ୍ରା ନାରୀ ପୁରୁଷର ଊର୍ଦ୍ଧ୍ୱରେ
ହୋଇପାରେ ଯକ୍ଷ, ରକ୍ଷ, ଗନ୍ଧର୍ବ, କିନ୍ନର, ବିଦ୍ୟାଧର
ହୋଇପାରେ ରଣାଂଗନରେ ବୀରାର ହୁଂକାର
କି ଗୋଟିପୁଅ ପାଦର ପାଉଁଜୀ

ଏ ମୁଦ୍ରା ପୂର୍ଣ୍ଣତମ
ପୂର୍ଣ୍ଣ ବ୍ରହ୍ମ!

ଓ ଜୀବନରେ ଥରୁଟେ
ମୁଦ୍ରା ପାଲଟି ନଗଲା ଯାଏଁ
ବ୍ୟର୍ଥ ଯେତେ ଅହଂକାର,
ସବୁ ମୁଲ୍ୟ ହୀନ....

# ଏଣୁ ଏଣୁଅ ଗୁରୁ ମୋର

ସୁତରାଂ
ଏମିତି ଇ ମୁଁ ବଦଳୁଥାଏ ଥରକୁଥର,

ଯୁଦ୍ଧ ପାଇଁ ଲାଲି,
ପ୍ରେମକୁ ଗୋଲାପି,
ଶୋକ ପାଇଁ କଳା,
ଶାନ୍ତି ପାଇଁ ଧଳା,
ଧର୍ମକୁ ଗୈରିକ
ସ୍ୱପ୍ନକୁ ସବୁଜ ଆଉ ମୃତ୍ୟୁ ପାଇଁ
ସମୁଦ୍ରର ନୀଳ...

ଏମିତି ଇ ଖୋଲିଦେଇ ପଟଳ, ପଟଳ
ମୁଁ ଖେଳୁଥାଏ ରଂଗ, ରଂଗ ଖେଳ,
ଯେମିତି ତୁମେ ମାଜୁଥାଅ ଏକଇ ରଂଗକୁ
ସୀମନ୍ତରେ ଈହକାଳ !

କହିପାରିବ କି ରାଜନ୍ !
କ'ଣ ମୋର ରଂଗ ?
ନାଲି ନାଁ ନୀଳ ?

ବେଳେବେଳେ ଲାଗେ
ଆକାଶ ପରି ଅସୀମ,

ଅନ୍ତ ଓ ଅସ୍ତିତ୍ୱହୀନ ମୋର ଚର୍ମ ଚୋଉରାଶି
ଆକାଶରେ ଦିଶେ ଯୋଉ ରଂଗ !
ସେଇ ରଂଗ ସମାନ ମୋ ଦେହ।

ତଥାପିବି ଚିରକାଳ ଅଭୋଗ୍ୟ ମୁଁ
ଚିର ଅପହଂଚ ମୋ ଯାଏଁ
ତୁମ ହାତର ମୁଠାକ ଫଗୁ,
ତୁମ ଜପ, ତପ, ବ୍ରତ ବୃଥା
ମିଛ କଦର୍ଥନା ସବୁ !

ଗୋଟିଏ ସ୍ୱାଦକୁ ଅମୃତ ମଣି ପି' ହୁଏନି ଅହର୍ନ୍ନ,
ଗୋଟାଏ ରଂଗକୁ ସୌଭାଗ୍ୟକରି
ଜୀ ହୁଏନି ଜୀବନ ବୋଲି ତ
ମୁଁ ବଦଳୁଥାଏ ନିୟମିତ
ନଇଁ ଯିବାରେ ମୋ ଅହଂକାର
ଯେ ସ୍ଥାନେ ଯେମନ୍ତ ଅନୁକୂଳ
ସେହିରୂପେ ସଜାଏ ନିଜକୁ,
ମୁଁ କବି, ମୁଁ ଅବଧୂତ !

ତେଣୁ ହେ ରାଜନ୍ !
ଶୁଣ ଦେଇ ମନ,

କର୍ମ କର୍ମକୁ କର୍ତ୍ତା ଏକ। କର୍ତ୍ତାକେ ରଂଗ ଏକ ଏକ ॥
ଘଟଣା ବହୁଳ ଜୀବନ। ଘଟ ଘଟକେ ଭିନ୍ନ ଭିନ୍ନ ॥
ଯହିଁରେ ଯେମନ୍ତ ସୋହାଗ। ତହିଁରେ ତେସନେକ ରଂଗ ॥
ନମ୍ରପଣ ମୋ ଅହଂକାର। ଜୀବନ ଜୀଇଁବାଟି ସାର ॥
ଏଣ୍ଟୁଅ ଯେସନେ ବିହରି। ସ୍ଥାନାନୁକୂଳ ଅନୁସରି ॥
ଯହିଁ ଯେମନ୍ତ ପରିବେଶ। ତହିଁ ସେ ରୂପ ଦେହ ରସ ॥
ଏ ଭାବେ ଜୀଉଛି ସଂସାର। ଏଣୁ ଏଣ୍ଟୁଅ ଗୁରୁମୋର ॥

# ମୁକ୍ତି ତୀର୍ଥ

ଏଇ ଜଳାଶୟ ଭିତରେ ମୁଁ।
କେଜାଣି, କେବେଠୁ ?

କେହି ହେଲେ ପଚାରି ଯାଆନ୍ତିନି କେବେବି,
କଣ ଏଇ ଜଳାଶୟ ତୋର ପ୍ରିୟ ?
ମୁଁ କିନ୍ତୁ ଜୀଇଁ ଗଲି ସବୁ ଆବିଳତା,
ପଂକିଳ ହଟହଟା, ଖରାବର୍ଷା ଶୀତ ଓ ବସନ୍ତ,
ଜୀଇଁ ଗଲି ଜଳରେ ପହଁରୁଥିବା ଆକାଶର ଛାଇ, ଜହ୍ନ, ତାରା
ଚିକିମିକି ଖରା, କୂଳର ଧୂସର ମାଟି,
ସବୁଜ କଅଁଳ ଘାସ ଓ ପବନର ଖୋଲାମେଲା ଆମନ୍ତ୍ରଣ ପରି
ଅନେକ କିଛି ଅଭୋଗ୍ୟ ଅବସୋସ !

କହିବି କହିବି ହେଉଥିଲି ଯଦିଓ,
କେହିହେଲେ ପଚାରିଗଲେନି କେବେବି
ସୁଖ କହ, ଦୁଃଖ କହ
ଯାହା କିଛି ଅଙ୍ଗେ ନିଭେଇଛୁ ତା' କହ
କଣ ଏଇ ଜଳାଶୟ ତୋର ପ୍ରିୟ ?

ତମେ ଯିଏ ଦେବପୁରୁଷ ପରି ଅଚାନକ
ଦିନେଦିନେ ଉଭାହୁଅ, ଛାଇଟାଏ ବିଛେଇଦେଇ ପାଣିରେ !
ଓ ଆମ ବର୍ଷ ବର୍ଷର ଲୋଭ, ମୋହ, ଦୁର୍ବଳତାକୁ ଥୋପ କରି,
ଆକର୍ଷିତ କରି ଆମ ସରଳ ବିଶ୍ୱାସ ମାନଂକୁ,

ନିମିଷକେ ଟୋକିନିଅ ଗହଳ ଜଳରୁ
ଅବାଂଛିତ ନୂଆ ପୃଥିବୀକୁ ?

ସେଇ ନୂଆ ଏକ ପୃଥିବୀ ଇ ବାଂଛା ମୋର,
ତୁମେ ବି ତ ଚିର ବାଂଛନୀୟ !

ତୁମ ଆସିବାକୁ ମୋ ଚାହିଁରହିବାର
ଚରମ ପରିଣତି ଭାବି,
ଯୁଗ ଯୁଗର ସଂଚିତ ଆବେଗ ସବୁ
ପ୍ରସ୍ତୁତ ହେଲା ବେଳକୁ :
ଏ ଜଳାଶୟର ଯେତେ ଜୀବଜନ୍ତୁ
ତୁମ ନାଁରେ ଅପପ୍ରଚାର କଲେଣି ଅନେକ !

ଆସିଯାଅ ତ ଏଥର !
ଥୋପ ନୁହେଁ, ଖାଲିଖାଲି ବନିଶି କଣ୍ଟାଏ ସୂତାରେ ବାନ୍ଧି
ଫିଂଗିଦିଅ ତ ପାଣିକୁ !

ସେମାନେ ଦେଖନ୍ତୁ କେମିତି
ବିନା ଲୋଭରେ, ବିନା ମୋହରେ,
ବିନା ଭୋକରେ ବି ମାଛଟାଏ ଖୁସି ଖୁସିରେ ଧରାଦିଏ,
ପାଇବାକୁ ତୁମରି ସାନ୍ନିଧ !

ତୁମେ ମୃତ୍ୟୁର ହୁଅ କି ମୁକ୍ତିର,
ମୁଁ କିନ୍ତୁ ମୃତ୍ୟୁ ପୂର୍ବର ଯଥେଷ୍ଟ ଆୟୁଷ
ବଂଚିସାରିଥିବି,
ଏ କୁତ୍ସିତ ଜଳାଶୟରୁ ମୁକ୍ତ ହେବାର ଖୁସିରେ...

ଏଇ ଜଳାଶୟ ଭିତରେ ମୁଁ !
କେଜାଣି, କେବେଠୁ ?

# ପୁରୁଷ

ମୋ ଦେହରେ ବି ଲତିକାଟିଏ ଅଛି,
ଅଛି ଆଶ୍ରୟ ବିହୀନ,
ସ୍ୱୀକୃତି ବିହୀନ ହୋଇ
କୋଉ ଅନାଦି କାଳରୁ...

ମୋ ଦେହରେ ବି ଯୁଗଯୁଗ କୋମଳତାର ସ୍ଫୁଲିଙ୍ଗ
ଜାଳୁଛି ଓ ଜଳୁଛି ନୀରବରେ....
ମୋ ପଦପାତର କର୍କଶ କଟାଳରେ ହଲେ
କବିତାର ନରମ ନିକ୍ୱଣ
ଛପେଇ ଦେଉଛି ନିଜ ଥରିଲା ହାତର ସ୍ୱାକ୍ଷର...

ମୋ ଦେହସାରା ପଥରର ସାଜ,
ମୁଁ ହେଲେ ପଥର ନୁହେଁ,
ଖୋଜ ଖୋଜ ମୋ ଭିତରୁ
ନିରିମାଖି ଝରଣାଟେ ଖୋଜ

ଶୁଣ ତାର ଦୋରଟିର ଗୀତି...
ଜୀଇଁବା ବାରଣ ତାକୁ,
ପଥର ଫଟେଇ ତାକୁ ବୋହିବା ବାରଣ,
ତଥାପି ସେ ଜୀଇଁଛି କେମିତି ?

ମୋତେ ବି ଘାରିଛି ଅବଳତା,
ଦୁର୍ବଳ ଦିଶିଛି ମୋର ଗୁମାନର ମେଘ,
ଲୋଡ଼ିଛି ବି ଥରେ ଥରେ ଆହାଃ ପଦ,
ଆଉଁସିଲା ହାତହଲେ
ଏଇ ମୋର ଟାଆଁଶା ପିଠିକୁ...

ଯେତେକ ସୌଖୀନ ବେଶ, ମିଠା ହସ, ରକ୍ତରଂଗ ଲାଜ
ଯେତେକ ବର୍ଣ୍ଣୀଳ ମୋହ, ଛଇଳ ଷଂଠଣା,
ଯେତେ ରଂଗ, ଯେତେ ରୂପ, ଅମଳ, କମଳ,
ଆଉ କୋମଳ ଉପମା

ସକଳରୁ ବଂଚିତ ମୁଁ,
ସଂଚିତ ମୋ ମିଛ ଦମ୍ଭ, ମିଛ ଅହଂକାରେ
ଉଡ଼ଉଛି କୋଉ ଯଶବାନା ?

ଆହାଃ
ଲଳିତ-ଲବଂଗ-ଲତା ମୋର,
କହିଦେ ତ ଥରୁଟେ,
ଯୁଗ ପରେ ଯୁଗ, ତୁ ବଢ଼ି ଆସିଛୁ କେମିତି
ବିନା ଆଶ୍ରାୟରେ ?

# ସହଯାତ୍ରୀ

ମୁଁ ଆଖି ଖୋଲିଲାବେଳକୁ
ବେଳ ରତରତ,

ମୁଁ ଯାତ୍ରା ଆରମ୍ଭିବା ବେଳକୁ,
ଆଉ ନାହାନ୍ତି ମୋ ସହଯାତ୍ରୀ ଦଳ,
ମୋ ସାମ୍ନାରେ ସଜ ଅଂକା ପାଦଚିହ୍ନ ଯାହା !

ଏବେ ମୋର ଅନୁସରିଯିବାର ବେଳ।

ମୁଁ ହିଁ କାହିଁକି ସବୁବେଳେ ପଡ଼ିରହେ ପଛରେ ?
ସତ-ମିଛ- ଛଳନାର ଭାଗମାପରେ,
ଭଲ ଆଉ ଭେଲର ବୁଝାମଣାରେ ?

ପ୍ରେମ ଆଉ ସଂପର୍କର ସ୍ଥିରତାକୁ
ତଉଲିପାରେନି ଲାଭ ଓ ହାନୀରେ,
ବିଶ୍ୱାସର ଘନିଭୂତ କୁହୁଡ଼ିକୁ କାଟି କାଟି ଆଗକୁ ଯିବାରେ
ମୋର ହିଁ ସବୁବେଳେ ଡେରି !

ମୁଁ ହିଁ କାହିଁକି ଥରକୁଥର ଯୋଡିଦିଏ
ସ୍ୱପ୍ନସହ ଅତିରିକ୍ତ ସ୍ୱପ୍ନଟାଏ,
କଳ୍ପନାରେ ରଂଜିତ କଳ୍ପନାଟାଏ !
ବିପ୍ରଲମ୍ଭ ଇଚ୍ଛା ମାନଂକୁ ପିଠି ଆଉଁସେଇ
ମୁଁ ହିଁ ବଢେଇ ଚାଲିଥାଏ ଭରସାର ପରମାୟୁ !

ସେମାନେ କିନ୍ତୁ ଚାଲୁଥାନ୍ତି ସବୁବେଳେ
ମୋ ଠୁ' ଦି'ପାଦ ଆଗରେ,
ଛାତିରେ ପଥର ଚାପି,
ଭଲମନ୍ଦ ବୁଝିବୁଝି,
ମାୟାଜାଲ କାଟି କାଟି ।

ମୋତେ ହିଁ ଅଜଣାରହେ
ମୁଠାଏ ଚାଉଳରେ ବୁଣିଯାଇଥିବା ବ୍ୟାଧର ଚାତୁର୍ଯ୍ୟ,
ଅପ୍ସରାର ସ୍ମିତରେ କି ବିଷାକ୍ତ ପାଇବାର ମୋହ !

ମୁଁ ହିଁ ବାରମ୍ବାର ଝୁଣ୍ଟି ପଡୁଥାଏ
ମୁଠାଏ ଚାଉଳର ବିଶ୍ୱାସରେ,
ମିଛ ହସକୁ ପ୍ରେମ ଭାବି,
ମୁଁ ହିଁ ଡେଇଁ ପଡୁଥାଏ ସାତ ସିନ୍ଧୁ ତେର ନଈ
ପାରିଜାତର ସଂନ୍ଧାନରେ

ମହମର ଡେଣା ମୋର ତର୍ଳିଯାଏ,
ରାତିର ଭାସମାନ ଉଡାଣ ମୋ
ସକାଳକୁ ଅଳୀକ କାକର,
ଓ କାକାରର ସ୍ୱପ୍ନଭଂଗ ସୁଖସବୁ
ଖରାଧାସରେ ମିଳେଇଯିବା ବେଳକୁ
ସହଯାତ୍ରୀଏ ଚାଲିଗଲେଣି ଅନେକ ଆଗକୁ !

ଏବେ ମୋର କ୍ଷତମାନଂକୁ ଏକାନ୍ତ ନିଜର କରି
ଏକା ଏକା ଚାଲିବାର ବେଳ ।

■

# ଦାୟାଦ

ତୋ ପାଇଁ ହଜାରେ ବର୍ଷର ଅପେକ୍ଷା ମୋର,
ଅୟୁତ ଯୋନୀରେ ଜନ୍ମପରେ
ଏ ମାନବ ଜନ୍ମ ବି ତୋ ପାଇଁ...

କେତେ ଯୁଦ୍ଧ ଭିଆଇଲି,
ବୁହାଇଲି କେତେ ରକ୍ତନଦୀ,
କେତେ ସଭ୍ୟତାର ଉଠାପଡା ଯାତ୍ରା,
କେତେ ବୁଝାମଣା, କଳ, ବଳ, କୌଶଳ,
କେତେ ଶାନ୍ତି, କେତେ ଶୋକ, ଆଶା ଓ ଆଶ୍ୱସ୍ତି !

ନିଟୋଳ ପୃଥ୍ୱୀକୁ କଲି ଶତଖଣ୍ଡ
ଶତଖଣ୍ଡକୁ ବି କଲି ଏକାକାର, କେବଳ ତୋ ପାଇଁ !

ତୋ ଖେଳିବାକୁ
ତିଆରିଲି କୁନି କୁନି ଈଶ୍ୱର କଣ୍ଢେଇ,
ତୋ ପିନ୍ଧିବାକୁ
ସିଏଁଇଲି କେତେ ରଂଗୀ ପୋଷାକ ମୁଁ
ବରାଦ ଦେଇ ଧର୍ମ ଦରଜୀକି ।

ତୋ ପାଇଁ ଖୋଲିଲି ମାଟି,
ଭେଦିଗଲି ଅଥଳ ଜଳରେ
ଖେଦିଗଲି ଅନ୍ତରୀକ୍ଷେ
ପାଦ ଦେଲି ଜହ୍ନରେ ତ ମଂଗଳ ବୁକୁରେ....

ତୋ ପାଇଁ କାଟିଲି ଗଳା ଧର୍ମ ଯାଜକର
କୃଶ ବିଦ୍ଧ କଲି ଯିଶୁ,
ନାରାଚରେ ବିନ୍ଧି ଦେଲି କୃଷ୍ଣର ପୟର !

ଏକାକାର କଲି ରଂଗ, ରୂପ
ପୁରୁଷକୁ କଲି ନାରୀ, ନାରୀ କୁ ପୁରୁଷ
ଅପଥକୁ କଲି ପଥ,
ପଥକୁ ରୋଧିଲି !

କି ଅବା ନକଲି କହ, କି ଅବା ନହେଲି ?

ଏତେ ସବୁ ସତ୍ତ୍ୱେ ବି
ନିରାପଦ ପ୍ରତିଶ୍ରୁତି ଟିଏ
ତିଆରି ପାରିଲିନି ତୋ ପାଇଁ ?
ତିଆରି ପାରିଲିନି ବିଶ୍ୱସ୍ତ ପୃଥିବୀଟାଏ
ତୋର ପଦପାତ ପାଇଁ !
ସମତାର ଭାଷା ପଦେ ଯୋଗାଡି ପାରିଲିନି
ଗୁଂଜି ଦେବାକୁ ତୋ ଦରୋଟିରେ,

ତୁ ବି ତ ହେଲୁ ଅପହଂଚ,
ତୋ ଯାଏଁ ଯେତେକ ପ୍ରୟାସ ମୋର ହେଲା ଅକୁଳାଣ
ଯେତେ ଯେତେ ଜନ୍ମଦେଲେ ପ୍ରସୂତିୟେ, ନବଜାତ କହି,
ସବୁ ଜାତ ହେଲା ଅକାରଣ,
ଆଶାର ଆୟୁଷ ନେଇ
ଦୁଃଖ ମୋର ହେଲା ଚାରିଗୁଣ।

ରେ ଆତ୍ମାର ଦାୟାଦ ମୋର !
ତୁ କି ମନସିଜ ପୁରେ ଥାଉ ?
ଅପ୍ରାପ୍ତିର ଚିରକାଳ ଦୁଃଖ ଟିଏ ହେଇ
ଛାତି ତଳେ ରୁଗ୍ ରୁଗ୍ କରୁଥାଉ !

ତୋ ପାଇଁ ମୋ ଆୟୋଜନ ସରେନାହିଁ,
ତୋତେ ଆ' ବୋଲି ଡାକିବାକୁ ଜିଭ ମୋର
ଫେରେନାହିଁ !

ଦାୟାଦ ରେ !
ତୋର ଆସିବାଟା ଏଇମିତି ଅପହଂଚ ହେଇ ଥାଉ,
ଆଉ ଟିକେ ଉର୍ବରା ହୋଉ ସମୟ,
ଆଉ ଟିକେ ପାକଳ ହୋଉ ମଣିଷ ଜରାୟୁ !

# ମାଝୀ ଗୀତ

ଏଇ ଏବେଏବେ ଛୁଟେଇଦେଲି ଘାଟରୁ,
ଇଚ୍ଛାର ହୁଲିଡଂଗା ମୋର
କୂଳ କିନାରା ଦିଶୁନଥିବା
ଅଥଳ ଜଳରେ...

ମୋତେ ପଚାରନା ଡଙ୍ଗାର ବୟସ,
ପଚାରନା,
ଆହୁଲା ମାରିବାର କୌଶଳ ଅଛି କି ନାଁ
ମୋର ଆୟତ୍ତ ଭିତରେ,
ମୋ ଭୁଜରେ ଭରିଛି କି ନାଁ
ଅଗାଧ ଜଳରେ ପହଁରି କୂଳ ଛୁଇଁବାର ସାମର୍ଥ୍ୟ

ମୋତେ ଝଡ ଆଉ ତୋଫାନର ଗପ କୁହନା,
ବିନାଶର ଭୟ ଦେଖାଅନା,
ଦୟା ଆଉ ସହାନୁଭୂତିର ସୁରରେ
ମୋ ପାଇଁ ଗାଅନା କେହି 'ଘ' ଅକ୍ଷର ଚଂପୂ....

ମୋ ଅବୋଧ ପଣରେ ମୋତେ ଜାଁ ବାକୁ ଦିଅ...

ବିଛା ମନ୍ତ୍ର ସୁଦ୍ଧା ନଜାଣି
ଯଦି ସାପଗାତ ଯାଏ ଲମ୍ବେଇ ଦେଇଛି ମୁଁ
ଉତ୍ସୁକତାର ହାତ ହଳେ,
ତାକୁ ଲମ୍ବିବାକୁ ଦିଅ,

ଏଇ ଉତ୍ସାହ ଟିକକ ହିଁ ମୋର ମହାମନ୍ତ୍ର,
ଅମୋଘ କବଚ...

ପଚାରନା ମତେ ଏଇ ଜଳର ରହସ୍ୟ,
ତାର ଦୈର୍ଘ୍ୟ, ପ୍ରସ୍ଥ, ଗଭୀରତା କଥା,
ପଚାରନା କେଉଁ ଦିଗେ ଗତି ମୋର,
ଉଜାଣି ନା ସ୍ରୋତାନୁକୂଳରେ...
କାହିଁକି ଭାସୁଛି ମୁଁ,
କି ସୁଖ ଘାରିଛି ମୋତେ,
ଅବା କୋଉ ବ୍ୟଥା...

ପାରୁଛ ଯଦି ପଚାର,
ଅନେକ ଦିନରୁ ତିଆରି ଥିଲି ଯେଉଁ ଗୀତ ପଦକ,
ସୁର ଦେଇ ତାଳ ଦେଇ ଆପଣା ପଣରେ...
ଗାଇବାକୁ ଲହରେଇ ଲହରେଇ
ଭାସି ଭାସି ଯିବି ଯେବେ ଅଥଳ ଜଳରେ...

ସେ ଗୀତ ପଦକ ଠିକ୍ ଠାକ୍
ମନେଅଛି ତ ମୋର ?

ପାରୁଛ ଯଦି
କେହି ହେଲେ ଗାଇଦିଅ ଥରୁଟେ
ସେଇ ଗୀତ ପଦକ ମୋ ପାଇଁ,
ଯାହା ମୋର ଅଧା ଭୁଲା ଅଧା ଅପାସୋରା ।

# ଶୂନ୍ୟତାର ହାତ

ବେଳେବେଳେ ଏମିତି ବି ସମୟ ଆସେ,
ନିଜ ଅଜଣାତରେ ବାଂଟି ହେଇଯାଏ ମୁଁ !

କିଏ ସେ ?
କୋଉ ଆସ୍ପର୍ଦ୍ଧାରେ,
ମୋତେ ନେଇ ବସେଇ ଦିଏ ନିଜ ସ୍ୱାର୍ଥର
ପଶାପାଲିରେ ଦାନଟିଏ କରି ?
ମୋ ହାଡମାଂସର ଚରମ ବିବଶତାକୁ ହାତ ପାପୁଲିରେ
ଘଷିଘଷି ଚଳେଇ ନିଏ ପଶା କାଠି,
ନଅ, ଛଅ କି ବାର ?
ବୁଝିବାକୁ ଏତେ ଟିକେ ବି ଅବସର
ନଥାଏ ମୋର !

ଫୁଲ ନିଦ ଭାଂଗିଯାଏ,
ମୋ କୁନିକୁନି ଆଖିରୁ ହଜିଯାଏ ସ୍ୱପ୍ନସୁଖ,
ମୋ ଡେଣାରୁ ଲିଭିଯାଏ ପ୍ରଜାପତିର ରଂଗ
ଖିଆଲି ଗୀତର ଶବ୍ଦସବୁ କେମିତି
ଉଭାନ୍ ହେଇଯାଏ ମୋ ଦରୋଟିରୁ ?
ମୋ ବାଟ ଓଗାଳି ଛିଡାହୁଏ ଆସି
ଭୟଂକର ବିଭତ୍ସ ଅସୁର,
ଅଚାନକ୍ !

କିଛିବି ବୁଝିପାରେନା ମୁଁ,
କିଏ କାହିଁକି ଭିଡିନିଏ ମୋର କେଶ ?
ଭାଂଗିଦିଏ
ମୋ ଉଡାଣର କୁନିକୁନି ଡେଣା,
ମୋ କୁନିହାତ କୁନିପାଦରୁ ଗତିଶୀଳତାର ଆବେଗ ଟିକକ
ଦଳି ମକଚି, ମୋତେ ଘୋଷାଡି ଘୋଷଡି ନେଇଯାଏ
କୋଉ ଅଜଣା ସୁଢଙ୍ଗ ଭିତର ଦେଇ,
କେଉଁ ଆଡକୁ ?

ଏ କେମିତିକା ଦୋଛକିରେ ଜୀବନ ?
ଏ କେମିତିକା ସମୟର କୁରୁସଭା ?
ଏ କେମିତିକା ସଂପର୍କର ପଶାଖେଳ ?

ଯଦି ଆତ୍ମୀୟତାର ସୁଯୋଗ ନେଇ ପ୍ରାଣର ଦୋସର ଜଣେ
ଲୁଟିନେଉଛି ମୋର ସବୁତକ ନିଜପଣ,
ତେବେ କେହି ମୋତେ ବସିବାକୁ
ଜଂଘହଳେ ଯାଚିଦେବାରେ କି ବଡକଥା ଆଉ ?
କି ବଡକଥା ଆଉ, କେହି ଯଦି ମୋ ପାଇଁ ଥାନଟିଏ
ଖଂଜିଦେଲା ଆପଣାର ଦାସୀ ମହଲରେ ?

ବିଚିତ୍ର ବି ନୁହେଁ ଜମା
କେହି ଯଦି ସଭାଘରେ, ବଜାରେ ବା ଶହଶହ ଲୋକଂକ ଭିତରେ
ଟାଣି ଭିଡି ଖୋଲିବାକୁ ତତ୍ପର ମୋର
ସବୁତକ ଆବରଣ !

କୋଉ ଜଗଦୀଶ୍ୱର ଈଶ୍ୱର କି ମନଲାଖି ପ୍ରେମିକଟିଏ
ନିଜର କରିପାରିଲି କୋଉଠି ?
ଯିଏ ମୋତେ ଉଦ୍ଧାରିବ ଆପଣାପଣରେ,
ଫେରେଇଦେବ ମୋର ହୃତ ନିଜପଣ !

କେହି ଲୁଟି ନେଉଛିକି ମୋର ଭିତର, ବାହାର ?
କେହି ଭିଡି ନେଉଛିକି ମୋ ଆଶା, ବିଶ୍ୱାସ,
ମୋ ଦମ୍ଭ, ମୋ ଆତ୍ମବଳ,
ମୋ ଚରିତ୍ରର ସବୁତକ ଆବରଣ ?

ଆଉ ପଚାରନା ମୋ ଇଚ୍ଛା ଅନିଚ୍ଛାର କଥା,
ମୁଁ ଶୂନ୍ୟତାକୁ ଟେକିସାରିଛି
ମୋର ହାତ ।

# ତୁମ ଭଲପାଇବାର ହାତଧରି

ତୁମ ଭଲପାଇବାର ହାତଧରି
ଚାଲୁଚାଲୁ, ଚାଲି ଆସିଲି
ଦୂର କେଉଁ ରହସ୍ୟମୟତାର
ଅଗନା ଅଗନି ଭିତରକୁ ?

ପଛେ ପଛେ ଗୋଡ଼ାଇ ଆସିଥିବା
ଅନୁଗତ ଅତୀତ ପରି ସରୁ ରାସ୍ତାଟି,
ରାସ୍ତାଟି, ଯାହା ଅଭିଭାବକ ପରି
ଆଗେଆଗେ କଢ଼େଇ ନେଉଥିଲା
ଉତ୍ସୁକତାର ପାଦ ଦିଓଟିକୁ !
କ୍ରମଶଃ ଯେମିତି ମିଳେଇଗଲେ
ପାଦତଳେ ମୋର !

ଏବେ ମୋର ଅତୀତ ବୋଲି କିଛି ନାହିଁ
ଭବିତବ୍ୟ ବି,
ଅଧ ଊର୍ଦ୍ଧ୍ୱ ଦଶଦିଶ
ଯୁଆଡେ ବି ଆଖି ବୁଲେଇଲେ ଦିଶିଯାଉଛ ତୁମେ !
ଯୁଆଡେ ବି ବଢଉଛି ପାଦ
ସାପେଇ ଯାଉଛି ତୁମମନସ୍କ ରାସ୍ତାଟିଏ ତୁମ ଯାଏଁ !
ଏବେ ତୁମେ ହିଁ ମୋର ଗତି,
ଗନ୍ତବ୍ୟ ବି !

ଏତେ ନିବିଡ଼ ଭାବରେ ଚାହିଁବସିଲି ଯେ ତୁମକୁ
ମୋ ସହଚର୍ଯ୍ୟାର ସବୁ ସଂପର୍କରେ ବିଛାଡ଼ି ଗଲ ତୁମେ,
ଆଉ ଭଲପାଇବାର ବ୍ୟତିରେକ
କୋଉ ଉପାୟ ଅଛି ମୋର ?
ଯଦି ଶତ୍ରୁଠାରେ ବି ଦିଶିଗଲା ତୁମ ମୁହଁ ଅବିକଳ ?

ତୁମକୁ ଭଲ ପାଇବାର ମାନେଇ ତ
ସାରାଟା ସଂସାରକୁ ଭଲପାଇଯିବା
ତୁମ ସହ ଚାଲିବାର ମାନେ ଇ ତ
ନିଜକୁ ନିଃଶେଷ କରିଦେବା
ବାଟ ସହ ବାଟ ହୋଇଯିବା !

ସବୁ ବାଟର ଶେଷରେ ମେଲିଯାଇଛି ଯୋଉ
ରହସ୍ୟମୟତାର ବାଟ !
ସେଇ ବାଟଧରି
ତୁମ ସହ ଚାଲିଯିବାକୁ କହୁଛ ଯେ, ରୁହ !

ତୁମ ଚିହ୍ନବର୍ଣ୍ଣ ଲୋପ କରିଯାଏଁ ପୃଥିବୀରୁ,
ମୁଠାମୁଠା ଧୂଳି କରି ନିଜକୁ ବିଛେଇ ଯାଏଁ
ତୁମର ପ୍ରତିଟି ପାଦଚିହ୍ନ ଉପରେ,

ଡରଲାଗେ ଖୁବ୍,
କାଳେ କିଏ ଭାଗ ବସିଯିବ
ମୋ ସହ ତୁମରି ପ୍ରେମରେ ?

# ଛଳମୃଗ

ଦୁନିଆଁର ସବୁଠୁ ସୁନ୍ଦରତମ ଛଳନା ତ
'ପ୍ରେମ'କୁ ହିଁ ଜଣା !

ପୁଣି ସବୁଠୁ ସରଳ ଆଉ ନିରୀହପଣରେ
ପ୍ରେମକୁ ବଳିଛି ଅବା କିଏ ?
ଛଳ-ବଳ- କୌଶଳ ଯେତେ
ରାଗ, ହିଂସା, ଈର୍ଷା ଓ ଅସୂୟା
ପ୍ରେମ ପାଖେ ସିନା ହାରିଯାଏ ?

ଛଳ-ମୃଗ ଛଳିବାକୁ ଆସେ,
ସୁନାରଂଗେ ଝଳି ହୋଇ ଖେଳିବୁଲେ
ପ୍ରେମିକ ପ୍ରେମିକାଂକର ଅଗଣାର ପାଶେ !

'ଧରିଆଣ,
ସୁନାର ହରିଣ ଇଏ, କେଡ଼େ ମନୋରମ !'
-- ନାଚି ନାଚି ପ୍ରିୟତମା କହେ
ସବୁ ବୁଝି, ସବୁ ଜାଣି ପ୍ରିୟତମ
ହସି ହସି 'ହଉ' ବୋଲି ଉତ୍ତର ଫେରାଏ !

ପ୍ରେମିକାର ସରଳ ଯାଚନା,
ଛଳନାକୁ ଛଳିଦିଏ ପ୍ରେମର ଛଳରେ
ଛଳମୃଗ ଧରାପଡ଼େ ସିନା,
ଧରା ତ ଯାଏନା ଯାହା
ପ୍ରେମମୟ ଛଳନା ଟିକକ
ବାରବାର ଖସି ଯାଏ କେତେ ଛଟକରେ !

# ଏଇ ଶୀତର ସହରେ ଆଜି

ଏଇ ଶୀତର ସହରେ ଆଜି
ଜଳେ କିଏ ? ଜଳଉଛି କିଏ ?
ପବନର ଗଂଜଣାରେ, ଥୁରୁଥୁରୁ ହାହାକାର ପଦେ,
ରହିରହି ଗାଉଅଛି କିଏ ?

କାହାର ଅଦେଖା ହାତ,
ଭାଂଗିଦିଏ ଜୀବନର ସବୁ ନୀରବତା ?
ଅସରା ଅସରା ଲୁହ ଭିଜିଯାଏ
ଅଭିମାନି ଶୁଖିଲା ଆଖିରେ !
ଏଇ ଶୀତର ସହରେ ଆହା
କାନ୍ଦେ କିଏ ? କନ୍ଦଉଛି କିଏ ?

ଏ ଶୀତ ଫେରିଛି ଆଜି,
ହାତେ ଧରି ମାରିବାର ଅଯୁତ କୌଶଳ !
ମାରେ ସିନା, ପୁରାପୁରି ମାରିଦିଏ ନାହିଁ,
ଟୁକୁଡ଼ା ଟୁକୁଡ଼ା କରି, ତିଳ ତିଳ ଜଳିଜଳି
ଏ ଶୀତର ସହରେ ପୁଣି ମରେ କିଏ ? ଜୀଉଁଛି ବା କିଏ ?

ମହଳଣ ଅନ୍ଧାରରେ ରାତି ଯେବେ
ନିଜକୁ ଦରାଣ୍ଡି ହୁଏ, ନିଜେ ହିଁ ନପାଏ !
କୁହୁଡ଼ି ପାଲିଂକି ଚଢ଼ି, କିଏ ଆସେ,
ଦୂର କେଉଁ ଅଜଣା ସହରୁ ?

ବିରହର ଅଗଣାରେ ଆସ୍ତେକରି କିଏ ସେ ଓହ୍ଲାଏ ?
ପବନରେ ନେସିହେଇ ଭାସି ଆସେ କା ଦେହ ଅତର !
ଥିରି ଥିରି ପାଉଁଜରେ
ଆସ ଆସ ଆସ ବୋଲି ଶୁଭୁଥାଏ
କାହା ଲଲକାର ?

କିଏ ପୁଣି ନିଦଭାଂଗି ଉଠେ ?
ଅତୀତ ଶିକୁଳି ଖୋଲି କବାଟ ସେପାଖୁ,
ଶଂଖୁଳାଏ, ଜହ୍ନର ଜୋଛନା
ଜୋଛନାରେ ଭିଜିଯାଏ ଅୟୁତ ଅନ୍ଧାର !
ଏଇ ଶୀତର ସହରେ ସତେ ଭିଜେ କିଏ ?
ଭିଜଉଛି କିଏ ?

କାହାର ଉଷୁମ ହାତ
ଛୁଇଁ ଯାଏ ଦେହ ମନ
ଧୋଇ ଦିଏ ବଦନାର ସବୁ ଥଣ୍ଡାପଣ
କାହା ମୁହଁ ଆଲୋକରେ,
ଲାଜ ଲାଜ ଯେତେକ ଅନ୍ଧାର
ମାଘ-ବାଘ ଶୀତ ବି ତ ଲାଗେ ଅକୁଳାଣ

ଏ ଶୀତ ବୁଝେ ନା ପ୍ରେମ,
ଏ ଶୀତର ମନ ବୋଲି ନଥାଏ କିଛିବି
ଏ ଶୀତ ଇର୍ଷାରେ ଜଳେ,
ଦମକାଏ ହେମାଳରେ ଭାଂଗିଯାଏ ସ୍ୱପ୍ନ ସଇରାତ୍,
କିଏ ଫେରେ ଅନ୍ଧାରରୁ ଘନ ଅନ୍ଧାରକୁ
ଜୋଛନାରୁ, ଅତୀତରୁ, ଉଷମ୍ ହାତରୁ
ସ୍ୱପ୍ନଭଂଗ ପ୍ରେମିକଟି ଫେରିଅସୁଥାଏ,
ଏ ଶୀତର ସହରେ ତାକୁ ବୁଝେ କିଏ ?
ବୁଝେଇବ କିଏ ?

# ରାଇଦାମୋଦର

ଆଉ ଟିକେ ପରିମଳ ହେଇଗଲେ ପୃଥିବୀ,
ଆଉ ଟିକେ ନୀଳ ଚରିଗଲେ ଆକାଶ,
ଆଉ ଟିକେ ହଳଦୀ ମଖେଇ ଚାଷୀପ୍ରାଣ ଚହଲେଇଦେଲେ ଧାନକେଣ୍ଡା,
ଆଉ ଟିକେ ପରିଷ୍କାର ଦିଶିଗଲେ ତନୁପାତଳୀ ନଈ, କାର୍ତ୍ତିକ ଆସୁଥିଲା ଗାଁକୁ!

କାର୍ତ୍ତିକ ଆସିଲେ ଆସି ପହଂଚି ଯାଉଥିଲେ କାରିଗର ଜଣେ,
ନଈ ସେପାଖରୁ।ଦୂର କେଉଁ ଅଜଣା ଦେଶରୁ!

କାରିଗର ଆସିଲେ ଦାଣ୍ଡରେ ଧୂଳି ଉଡେଇ ନାଚୁଥିଲେ ପିଲାଏ,
ପାର୍ବଣର ପ୍ରସ୍ତୁତିରେ ମାତୁଥିଲେ ଗୁରୁଜନ।
ବେଶି ବେଶି ଆନମନା ଦିଶୁଥିଲେ ଗାଁର ଯୁବତୀ।
ପୋଖରୀଯାକର ପଦ୍ମ ଲାଜ ହୋଇ ଫୁଟୁଥିଲା ଓଠରେ ତାଂକର! ବନ୍ଧାହେବ ମେଢ।
ପଡୁଥିଲା ହୁଳହୁଳି ହରିବୋଲ। ହାତ ଟେକି ଶୂନ୍ୟତାରୁ କାହାକୁ ଆମନ୍ତୁଥିଲା ବିଧବା ସେ ବ୍ରତଚାରୀ?
ଉଦ୍ଧାର ହେ ରାଇ ଦାମୋଦର!
ହସୁଥିଲେ କାରିଗର ...

କାରିଗର! କାରିଗର!
କହ କହ କୋଉ ଦେଶେ ତୋର ଘର?
କି ମନ୍ତ୍ର ଶିଖିଛୁ କହ, କି ପାଠ ପଢିଛୁ?
ନିର୍ଜୀବ ରେ ଭରୁଛୁ ଜୀବନ

ପୂର୍ଣ୍ଣ ହୁଏ ଶୂନ୍ୟତାର ମେଢ ?
ହସୁଥିଲେ କାରିଗର ...

କାରିଗର ଛୁଇଁଦେଲେ ପଥର ତରଳି ହେଲା ନଈ।
କାରିଗର ଛୁଇଁଦେଲେ ନରମ ନଡା ବି ହେଲା ହାଡ଼ ଠୁ କଠିଣ।
କାରିଗର ଛୁଇଁଦେଲେ କାଦୁଅ ପାଲଟି ହେଲା ମାଂସ ଆଉ ଚମ !
ତ୍ରିଭଙ୍ଗୀରେ ଉଭାହେଲେ କୃଷ୍ଣ, ହେଲେ ରାଧା, ହେଲେ ଗୋପୀ,
ହେଲା ଗୋପ, ଯମୁନା ଓ କଦମ୍ବ, କଳସୀ ! ହେଲା କୁଂଜ ବାଜିଲା ବଇଁଶୀ !
ହଜିଗଲା କୋଉ ଗୋପ ଯୁବତୀର ନିଦ ?
କିଏ ଆଣି ଭରିଦେଲା ମଳ୍ଛା ଅପରାହ୍ନ,
ତାରା ପରି ସଜଫୁଟା ଆଖିରେ କାହାର ?
ହସୁଥିଲେ କାରିଗର...

'ବେରସେ ଭରୁଛ ରସ କାରିଗର
ବେରସେ ଭରୁଛ ରସ !
ଅଫୁଟା ଫୁଟୁଛି, ବାସ ଚହଟୁଛି
ବୟସ ତୁମର କିସ ?
ବୟସର ସିନା ଦୋଷ କାରିଗର
ବୟସର ସିନା ଦୋଷ ?
ବୟସର ଫୁଲ ବୟସ ଯାଚୁଛି
ନେବ ଯଦି ଥରେ ଆସ !
ହସୁଥିଲେ କାରିଗର...

କାରିଗର ତିଆରିଲେ ଓଠ, ଲାଜଲାଜ ହସ।
ତିଆରିଲେ ଆଖି, ଛଳଛଳ କୃତାର୍ଥ ଚାହାଣି।
ତିଆରିଲେ ଛାତି, ପୁଲକ ଓ ବେଦନାରେ ଭରା ଶିହରଣ।
ତିଆରିଲେ ପାଦ, ଛୁଅଁନା ଛୁଅଁନା ମୋତେ କୋଉ ଗୋପୀ ପକାଇଲା ରାଣ ?
କାରିଗର ଛୁଇଁଗଲେ ଦେହ ଦେହ କୋଣ ଅନୁକୋଣ !
ମସୃଣ ଦିଶିଲା ତ୍ୱକ, ଲୁଚିଗଲା ବୟସର ଭାଂଗ।

କାରିଗର ଧରିଲାରୁ ରଂଗତୂଳୀ, ରଂଗ ସବୁ ଛାଇଗଲା ଗୋପର ଗୋଧୂଳି !
ରାଇ ଦେହ ନିଆଁରଂଗ ଗୋରା, ଦାମୋଦର ଘନଶ୍ୟାମ ଜଳଭର୍ତ୍ତି ମେଘ !

କାର୍ତ୍ତିକର ଅଁଳା ନବମୀ, ରାଧା ପାଦ ପୁଣ୍ୟର ପସରା ।
ପ୍ରେମରେ ବତୁରା ଗୋପ, ଗାଁ ଯାକ ଧର୍ମ କିଣାବିକା,
ରାଧାରାଧା କୃଷ୍ଣକୃଷ୍ଣ ଜପ !
ମେଢ଼ରେ କି କମନୀୟ ଯୁଗଳ ମୂରତି !
ଆକାଶକୁ ଟେକିଦେଇ ଆକଶପ୍ରଦୀପ ହବିଷ୍ୟାଳି ବାଢୁଥିଲେ ମୁକ୍ତିର ଆରତି !
ଏତେ ପୁଣ୍ୟ ଏତେ ଗହଳିରେ ପାପଟିକେ ଖୋଜୁଥିଲା କିଏ ?
କିଏ ସିଏ କଣ୍ଟଦେଇ ଫେରିଗଲା ନଈପାର ଅଜଣା ଦେଶକୁ ?
ପୂନିଅଁର ସକାଳ ବୁଡ଼ାରେ ସୁଖତକ ଧୋଇଦେଲା କିଏ ?
ଓଦା ଓଦା ଥରିଲା ହାତଟେ ଆସ୍ତେକରି ପାଣିରେ ଭସେଇଦିଏ ଧର୍ମର ବୋଇତ !
ନିଆଁଶି ଓଠରୁ ଝରେ ଗୀତ –

ଆକାମାବୈ ପାନଗୁଆ ଥୋଇ
ପାନଗୁଆ ତୋର ମାସକ ସୁଖ ମୋର
ହସୁଥିଲେ ରାଇଦାମୋଦର...

କୋଇଲି ଲୋ ଗଲାପୁତ୍ର ବାହୁଡି ନଇଲା
ଗହନ ତ ବୃନ୍ଦାବନ ଶୋଭା ନଦିଶିଲା
କୋଇଲି ଲୋ ଗଲାପୁତ୍ର ଗଲା ନେଇ କାର୍ତ୍ତିକର ଜପ-ତପ-ବ୍ରତ
ଗାଁ ଜାକ ଛି ଛି, ହସିଲେ ସୁକୃତ
କୋଇଲି ଲୋ ବାରମାସୀ ଲୁହ ଢାଳି
ବେସରମୀ ଆଶାଟିଏ ଜଳୁଥିଲା ଯାହା
କାର୍ତ୍ତିକ ଆସିଲା ଫେରି, ଆସିଲାନି କିଏ ?
ଆଶାଦୀପ ଲିଭିଗଲା ଆହା !

ଏବେ ବି ସେ ଗାଁ ଅଛି, ନଈ ଅଛି,
ଆକାଶରେ ନୀଳ ଅଛି, ଧାନ ଯାକ ସୁନା ପାଲଟୁଛି !

କଷ୍ଟ ଦେଇ ଫେରିଲାନି ଜଣେ ସିନା,
ସମୟର କଷ୍ଟ ନେଇ କାର୍ତ୍ତିକ ଫେରୁଛି !

ଏବେ କିନ୍ତୁ କାର୍ତ୍ତିକ ଆସିଲେ ଆସେ ଧରି ବିଚିତ୍ର ଗୁଜବ !
ଗୁଜବରେ ଫେରେ ଜଣେ ଗୋପର ଯୁବତୀ,
ଜଣେ କାରିଗର, ନଈ ସେପାଖର

ମୁଚିମୁଚି ହସୁଥାନ୍ତି ରାଇଦାମୋଦର !

# ଶ୍ୟାମ ଅପବାଦ ମୋତେ ଲାଗିଥାଉ

(୧)
ଜେଜେ ଥିଲେ ପରମ ବୈଷ୍ଣବ।
ଶ୍ୟାମ ବିନୁ ନଜାଣନ୍ତି ଆନ, ଶ୍ୟାମ ଭଗତିରେ ଥାଏ ମନ,
ସାରାଦିନ ହରେକୃଷ୍ଣ ହରେକୃଷ୍ଣ କୃଷ୍ଣ କୃଷ୍ଣ ହରେହରେ ଗାନ...

ଦିନେ ପଚାରିଲା ନାତି ଟୋକା - ଜେଜେ!
କହତ କାହିଁକି? ସାରାଦିନ ସାରିଦିଅ କୃଷ୍ଣ ଭଜନରେ?
ହସିହସି ଉତ୍ତରିଲେ ଜେଜେ- ମୁଁ ପରା ଶ୍ୟାମର ପ୍ରେମରେ!
'ଏମିତି କେମିତି?'
ନିଉଛାଳିଲା ନାତି,
ପୁରୁଷ କି ପୁରୁଷକୁ ପ୍ରେମ କରିପାରେ?
'କେ କହିଲା ପୁରୁଷ ମୁଁ? ମୁଁ ପରା ରାଧା!
ଶ୍ୟାମ ମୋର ପ୍ରାଣସଖା ପରମ ପୁରୁଷ,
ଶ୍ୟାମପ୍ରେମ କଳଂକ ଡୋରିରେ ତନୁ ମୋର ହେଇଅଛି ବନ୍ଧା।'...

ଜୁକୁଜୁକୁ ଆଖି ହଲେ, ଆଖି ନୁହଁ ଜ୍ୱଳନ୍ତ ସ୍ଫୁଲିଙ୍ଗ।
କଦମ୍ବର ରୋମାଂଚରେ ଥରୁଥିଲା ଦେହ, ମୁହଁ ଯାକ କି ବିସ୍ମୟ ଭାବ?
ଅନନ୍ତ ସମୁଦ୍ର ଜିଣି ରହସ୍ୟମୟ ଜେଜେ,
ଯେମିତି ଅଯୁତ ବେଦନାର ଅକୁହା ଶବ୍ଦଟିମାନ
ଝରୁଥିଲ, ଥୋପା ଥୋପା ହୋଇ ଜେଜେଂକ ଓଠରେ!
ଓ ଯେମିତି ନାତିଟୋକା ଗଢିହେଇ ଯାଉଥିଲା
ଅରାଏ ପ୍ରଶ୍ନବାଚୀ ହୋଇ ଭିତରେ ଭିତରେ...

ଏମିତି ଅନେକ ଥର, ଅନେକ ସନ୍ଧିକ୍ଷଣରେ
ସେ ଜେଜେଙ୍କୁ ରାଧା ହେଇଯିବାର ଦେଖିଛି।
ଦେଖିଛି କେମିତି ଝାଂଜ ଖୋଳ ମୃଦଂଗର ତାଳେତାଳେ ଉନ୍ମତ୍ତ ଗୋପାଂଗନାଟିଏ
ନାଚି ନାଚି ହଜିଯାଉଛି ସଂକୀର୍ତ୍ତନର ଗହଳିରେ... ଆହୁରି ବି ଶୁଣିଛି ସେ,
ଅଧରାତିରେ ବଂଶୀ ସ୍ୱନଟାଏ କେମିତି ଅଥୟ କରୁଛି, କା ନାଁ ଧରି ଡାକୁଛି!
ପାଦ ଚିପି ଚିପି, ବନ୍ଧନର ଏରୁଣ୍ଡି ଟପି ଅସୀମିତ ପ୍ରେମର ପାଉଁଜୀହଳେ
ଝମ ଝମ ହେଇ ଧାଇଁ ଯାଉଛି ସେ ବଂଶୀସ୍ୱନ ସହ
ଏକାକାର ହଇଯିବାପାଇଁ...

ଏମିତି ଅନେକଥର ଅଧରାତିରେ, ମନ୍ଦିର ବେଢାରେ,
ଜୋଛନା ଧଉତ ଛାୟାମୂର୍ତ୍ତି ଜୁଗଳ ନିତ୍ୟ ରାସରେ
ଏକାକାର ହେଇଯିବାର ସେ ଦେଖିଛି,

ସକାଳୁ ସକାଳୁ ଚନ୍ଦନ ଚର୍ଚ୍ଚିତ ଜେଜେ ଅନନ୍ତ ଶୂନ୍ୟତାରୁ ସୁରଟାଏ ଓଟାରି ଆଣି,
"ଶ୍ୟାମ ଅପବାଦ ମୋତେ ଲାଗିଥାଉ, ରେ ପ୍ରାଣସହି!
ନିତି ସେହି ଚିନ୍ତାରେ ଦିନଯାଉ"
ଗାଇ ଗାଇ ମଲ୍ଲିହାର ଗୁଂଥିବା ବେଳେ
ଜେଜେଙ୍କ ଆଖିରେ ଓଠରେ ଓ ଉଚ୍ଚାରିତ ପ୍ରତିଟି ଶବ୍ଦ କଣିକାରେ
ଶ୍ୟାମ ଅପବାଦ ଲାଗିରହିଥିବାର ସେ ଦେଖିଛି

ଜେଜେ ଯିବା ଦିନ ଗାଁ ଯାକ ହୁରି ଛାଡିଲେ...
ଆହାଃ କୃଷ୍ଣ ପ୍ରେମୀ ପରମ ବୈଷ୍ଣବ ଜଣେ ଥିଲେ,
ଚାଲିଗଲେ!

ଗଗନ ପବନ ଉଚ୍ଛୁଳିଲା କୃଷ୍ଣକୃଷ୍ଣ ଜୟଧ୍ୱନିରେ,
ସଂକୀର୍ତ୍ତନର ତାଳେତାଳେ,
ଭକ୍ତି ଆଉ ସମ୍ମାନର ପଟୁଆରରେ ଜେଜେ
ଝୁଲିଝୁଲି ଚାଲିଗଲେ ମଶାଣି ଦିଗକୁ....

ଜେଜେ ଚାଲିଯିବା ପରେ
କେବେ ଆଉ ଅନ୍ଧାରରେ ଛାତିଚିରି ମନ୍ଦିର ଦିଗରୁ
ବଂଶୀସ୍ୱନ ଶୁଭିବାର ଶୁଣି ପାରିଲାନି ନାତିଟୋକା...

(୨)

ଏଥିଅନ୍ତେ କେତେଦିନ ଗଲା,
ନାତିପିଲା କ୍ରମେ ବଡ ହେଲା...
ଦେଶ ଦେଖିଲା, ଦଶଂକ ସହ ମିଶିଲା, ନିଜକୁ ଚିହ୍ନିଲା,
ନିଜକୁ ପରଖିଲା, ଗଢିଲା, ଭାଂଗିଲା ଓ ପୁଣି ଗଢିଲା।

କିଏ ସିଏ? ତା'ର ବର୍ଷବର୍ଷର କଳ୍ପନା ଭିତରୁ ବାହାରି ଆସି
ଉଭା ହେଲା ତା' ସାମ୍ନାରେ!
ଗ୍ରହ, ତାରା, ନିହାରିକାକୁ ଏକାକାର କରି
ତା' ହାତ ପାପୁଲିରେ ଉଝାଳିଦେବାର ପ୍ରତିଶ୍ରୁତି ଦେଇ
ତା'କୁ ପ୍ରେମ ଯାଚିଲା? ଚୁମ୍ବନ ଯାଚିଲା? ଦେହ ଯାଚିଲା?

ତା'କୁ ଲାଗିଲା ଯେମିତି, ଘନଶ୍ୟାମ ମୂର୍ତ୍ତିଟାଏ,
ତ୍ରୀଭଂଗୀଛନ୍ଦରେ ଉଭାହୋଇ ତାକୁ ଡାକୁଛି।
ତା' ଶ୍ୟାମଳ କୋମଳାଂଗ, ଅଜାନୁଲମ୍ବିତ ବାହୁ,
ମେଘ ଭର୍ତ୍ତି ଆଖି, କଂପିତ ଓଠର ଆକର୍ଷଣ ଭିତରକୁ
ଏ ଗଭୀର ଆକର୍ଷଣକୁ ଏଡ଼ି ଯାଇ ପାରିଲାନି ନାତିପିଲା...

କିସ ପୁଣି ଦେଖା ନଯାଏ ଜାଁ ଥିଲେ ଜୀବରେ
ପୁରୁଷ ପିଲାଯେ ପଡିଛି ପୁରୁଷର ପ୍ରେମରେ....
ଗାଁ ଯାକ ଛି ଛି ନିନ୍ଦାର ନାଗରା, ହାଟ ବାଟ ଦୋକାନ ବଜାର,
ସାଂଗସାଥି ସଭିଂକ ଆଖିରେ ତାଚ୍ଛିଲ୍ୟର ଭାଷା,
ନିଆଁ ପାଣି ବାସନ୍ଦ କଲେ ଜାତିଭାଇ,
ତେଜ୍ୟ ପୁତ୍ର କଲେ ବାପା, ତେଜିଦେଇ ଆଶା।

ଓ ଦିନେ ଏଇମିତି ଅଧାରତିରେ ବଂଶୀଟାଏ
ଯେମିତି ନାତିପିଲାର ନାଁ ଧରି ଡାକିଲା
ଓ ନାତି ପିଲା ଚାଲିଗଲା ଆଗପଛ ଦିଶୁ ନଥିବା
କୁହୁଡି ଘେରା ରାସ୍ତା ଦେଇ କୋଉ ବିସ୍ମୟତାର ଭିତରକୁ।
ନାତି ପିଲା ହାତରେ ତା ଶ୍ୟାମର ଉଷୁମ ହାତ,
ସାମ୍ନାରେ ଅସରନ୍ତି ପଥ

ତାକୁ ଲାଗିଲା ଯେମିତି,
ତା' ଗଭୀର ଅନ୍ତକରଣରୁ,
ତା' ହାଡ ମାଂସର ପୁଲକ ଭିତରୁ
ସ୍ୱରଟାଏ ଶୁଭୁଛି ରହି ରହି...
"ଶ୍ୟାମ ଅପବାଦ ମୋତେ ଲାଗିଥାଉ ରେ ପ୍ରାଣସହୀ..."

# ପ୍ରାର୍ଥନା

ସୁଜଳା- ସୁଫଳା- ଶସ୍ୟମୟ ଥାଉ ଏ ଜମି !
ମେଘ ମାନ ଯଥା ରୀତି ଢାଳୁଥାନ୍ତୁ ଜଳ !
ମାଛ ଭର୍ତ୍ତି ଥାଉ ଜଳାଶୟ !

ସମୁଦ୍ର ଉତ୍ତଳା ନ ହୋଉ କେବେ ବି,
ନ ଆସୁ ଦୈବୀ ଦୁର୍ବିପାକ ଏମିତି ଅକସ୍ମାତ ଖବର ନଦେଇ,
ଜଙ୍ଗଲି ଜନ୍ତୁଜୁନ୍ତା କୋହଳ କରନିଅନ୍ତୁ ନିଜ ଉପଦ୍ରବ,
ନମରୁ ଜଣେ ବି କେହି ଅଜଣା ବ୍ୟାଧିରେ...

ଏ ସାରାଟା ପୃଥିବୀ ପାଲଟିଯାଉ ଗୋଟିଏ କୁଟୁମ୍ବ,
ଅପସରିଯାଉ ଯୁଦ୍ଧ, ହତ୍ୟା ଆଉ ଲୁଣ୍ଠନର ବିଭତ୍ସ କାହାଣୀ,
ମିଳେଇଯାଉ ଈର୍ଷା, ଦ୍ୱେଶ, କରାଳ କଳହ ଯେତେ ଭଲପାଇବାରେ...
କରୁଣାର ଆହା ପଦ ଭରିଥାଉ ଦରୋଟିରେ,

ଏତିକି ହିଁ ପ୍ରାର୍ଥନା ଆମର ।

ଏତିକି ହିଁ,
ଛାଡିଯାଇଛନ୍ତି ପୂର୍ବଜମାନେ ଆମ ପାଇଁ ।
ଗଣ୍ଠିଧନ କରି ମଣିଷପଣର ।

ବେଳେବେଳେ ଲାଗେ
ଆମେ କେହି ପ୍ରାର୍ଥନା ଗାଉନେ,

ବରଂ ପ୍ରାର୍ଥନା ନାଁରେ ଗାଇ ଚାଲିଛେ
କୋଉ ଦରଦୀ କବିର ମଧୁରଗୀତରୁ ପଦେ ପଦେ
ସୁରରେ, ଲୟରେ

ପ୍ରାର୍ଥନା ନାଁରେ ଆମେ ଖୋଲିଦେଇଛେ
ଆମ ସଂଗୋପିତ ଇଚ୍ଛା ଆଉ ଭୟର ପୁଟୁଳି'
ଦେଇ ଚାଲିଛେ
ଆମ ଅପାରଗତାର ସ୍ୱିକାରୋକ୍ତି,

ଓ ଯେତେ କାଳ
ପ୍ରାର୍ଥନାର ପଦମାନ ଗୁଣୁ ଗୁଣଉଛି ଓଠ
ସେତିକି ସମୟ ଆମେ ଦିଶିଯାଉଛେ
ଅବିକଳ ଈଶ୍ୱରଙ୍କ ପରି...

କେହି ନ ଶୁଣନ୍ତୁ ଆମର ପ୍ରାର୍ଥନା,
କେହି ଭରିବାକୁ ନ ଥାଉ ପଛକେ
ଆମ ଶୂନ୍ୟତାର ଗାଢ,
ଦୂର କେଉଁ ଅନ୍ତରୀକ୍ଷରେ ମାଡ ଖାଇ ଲେଉଟି ଆସୁଥାଉ
ଆମ ଅଭିପ୍ରେତ ଅବସୋସ ଯେତେ
ଓ ଦାଉଁ କରି ବାଜୁଥାଉ ଆମରି ଛାତିରେ...

ମାତ୍ର ପାର୍ଥନାଟିଏ ଝରୁଥାଉ ମଣିଷ ଓଠରୁ
ଏଇମିତି ଅମୃତର ଝର ହୋଇ,
ଚିରକାଳ।

ଏତିକି ପ୍ରାର୍ଥନା ମୋର!

# ଅନ୍ଧାର ଅଧାକ

ମୁଁ ଖେଳୁଥିଲି ଛାଇ ଆଲୁଅର ଖେଳ,
ନିଜ ସହ ନିଜେ,

ଲୁଚିଥିଲି ଅଧା ଅନ୍ଧାରରେ
ଦିଶୁଥିଲି ଅଧା ଆଲୁଅରେ

କିଏ କହିଥିଲା ତୁମକୁ ?
ସେଇ ଅଧାକ ଆଲୁଅରେ ମୋତେ ଭଲପାଇବାକୁ,
ବିଶ୍ୱାସିବାକୁ, ଭରସିବାକୁ ଯେ
ଏତେ ନିବିଡ ଭାବରେ ?

ଆଉ କଣ ମୁକୁଳିପାରିବି ମୁଁ
ଏ ଛାଇ ଆଲୁଅର ଖେଳ ଭିତରୁ
କେବେ ହେଲେ ?

ଆହା ଅନ୍ଧାର ଅଧାକ ମୋର...

## ହତ୍ୟା

ସେ ମରିଯିବାର ଅନେକ ବର୍ଷ ପରେ ବି
ଜୀଁ ରହିଥିଲା ମୋରି ଭିତରେ...

ହୁଏତ ସେ ଜୀଁ ରହିଥାନ୍ତା
ଆହୁରି ହଜାରେବର୍ଷ ଆଗକୁ...
ଏଇମିତି

ଦିନେ ମୁଁ ତା'କୁ ହତ୍ୟା କଲି ମୋ ସ୍ମୃତିରୁ,
ଏବେ ସେ ପୁରାପୁରି ମୃତ ।

# ଅପେକ୍ଷା, ଆଇନା ଓ ଉଡାଣ

## ଅପେକ୍ଷା

ତମେ ଯିଏ ଝଡ଼ ପରି ଆସି
ଭାଂଗିଦେବାକୁ ବସିଛ ମୋ ହାତଗଢା ବାଲିଘର,

ତମେ କ'ଣ ଜାଣିଥିଲ
ଯେ ମୁଁ ବର୍ଷ ବର୍ଷରୁ ବାଲିଘର ଗଢି
ଚାହିଁବସିଥିବି ବୋଲି,

ତମରି ହାତରେ ଭାଂଗିଯିବା ପାଇଁ....

## ଆଇନା

ଆଇନା ବି
ମିଛ କହେ ବେଳେବେଳେ,
ଜାଣିଥିଲି।

ଦିନେ ଆଇନାକୁ ବଳିଯିବି
ଛଳନାରେ ବୋଲି,
ଜାଣି ମୁଁ ନଥିଲି।

## ଉଡ଼ାଣ

କାହିଁକି ପଚାର ତା'କୁ
ଆକାଶ ନାଁ ପଂଝୁରି ସୁନ୍ଦର ?

ଯେ ପକ୍ଷୀ ଭୁଲିଛି ତା'ର
ଉଡ଼ିବା ଠିକଣା !

# ଗୋଟିଏ ଦୁଷ୍ଟ ନଈର କାହାଣୀ

ଦୁଷ୍ଟ ନଈ
ବହିଗଲା ବନ୍ଧ ଭାଙ୍ଗି ଦେଇ,

ଦୁଷ୍ଟ ନଈ
ଏଡେ ଅମଣେଇ ?

ପାହାଡ଼ ତା ବୁଢ଼ା ଅଜା, କହିଥିଲା-
ଗତି ତୋର ଉପରୁ ତଳକୁ,
ତଳମୁହାଁ ବହୁଥିବୁ, ମୁହଁ ପୋତି ସବୁ ସହୁଥିବୁ।

ଗଛ ତାର ପ୍ରିୟ ସଖା, କହିଥିଲା-
ଆଉ କେବେ ହେବ ନାହିଁ ଦେଖା,
ଅଫେରା ପଥରେ ଯିବୁ, ଉଜାଣି ନହେବୁ!

କାନେ କାନେ କହିଥିଲା କୁନି ଚଢ଼େଇଟି,
ସମୁଦ୍ରଠି' ସବୁ ସଅଁପିବୁ, ନିଜ ପାଇଁ କିଛି ନରଖିବୁ

ଗଡ଼େ ଗଡ଼େ ଜଗିଥିଲେ ନଗ୍ର ଲୋକେ,
ମାପିଥିଲେ ନଈର ମୋଟେଇ ଆଉ ବାନ୍ଧିଥିଲେ ବନ୍ଧ।

କାହାକୁ ଖବର ଥିଲା ! ଦୁଷ୍ଟ ନଈ ହେବ ଏତେ ଅମଣେଇ,
ହେବ ଏତେ ଅନ୍ଧ !

କିଏ ଅବା ଜାଣିଥିଲା, ନଈ ନିତି ବହୁଥିଲା ଯୋଉ ପଥ ଦେଇ,
ସେ ପଥ ତାର ଶେଷ ପଥ ନୁହେଁ !
ନଈର ବି ଇଚ୍ଛା ଥାଏ,
ବିକଳ୍ପ ବି ଥାଏ !

କିଏ ତା'ର ବାଟ ଚାହିଁ ବସେ ?
କିଏ ତା'କୁ ରସେ ?
କିଏ ତା'ର ଭରସାରେ ପୋଷୁଥାଏ ଆପଣା କପାଳ ?
କିଏ ତା'ର ଉଛୁଳା ରୂପକୁ ଦେଖି ହେଉଥାଏ ଭୟେ ଟଳମଳ !

ନଈର କି ଯାଏ !
ଖରା ଖାଏ, ଶଙ୍କି ଯାଏ
ମେଘ ଖାଏ, ଉଛୁଳେଇ ହୁଏ..
ବହିଯାଏ, ବହିଯାଏ, ବହି ଚାଲିଥାଏ

ଅସଲ କଥାଟି କଣ ଜାଣ !

ନଈ କେବେ ବନ୍ଧ ଭାଙ୍ଗେନାହିଁ ଜାଣିଶୁଣି,
ଖାଲି ଯାହା
ନଈକୁ ବାନ୍ଧିବା ଭଳି ଦୁଷ୍ଟ କାମଟି
ଆମେ ମାନେ କରି ଆସିଥାଉଁ ଯୁଗଯୁଗ ଧରି !

# ପୁରସ୍ତମ ଏକ୍ସପ୍ରେସ୍

ପୁରସ୍ତମ ଏକ୍ସପ୍ରେସ୍ ବୋଲି କିଛି ଅଛିକି ?

ଯଦି ଥାଏ,
ତେବେ ତାର କାମ ଖାଲି ନୁହେଁ
ଲୋକମାନଙ୍କୁ ସହି ସଲାମତ୍ ବୋହିନେବା ପୁରସ୍ତମ ଯାଏଁ !
ପୁରସ୍ତମରୁ ବାହୁଡ଼େଇ ଆଣିବାର ଦାୟିତ୍ୱ ବି ତା'ର ନିଶ୍ଚୟେ !

ଏମିତିରେ ପୁରସ୍ତମରେ ଥାଏ କ'ଣ ?
ଯିବା ଆଉ ବାହୁଡ଼ି ଆସିବାର କୋଳାହଳ ଛଡ଼ା !

କିଛି ଆତୁର ପ୍ରାର୍ଥନା, କିଛି ଲୁହ, କିଛ କୋହ,
ଉତ୍ସାହ ଓ ଉନ୍ମାଦରୁ କିଛି,
ହାଉଯାଉ ହୋଉଥାଏ,
ବଡଦାଣ୍ଡ, ମହୋଦଧି, ନରେନ୍ଦ୍ର ପୋଖରୀ,
ବାଇଶି ପାହଚ ଚଢ଼ି ଯାଉଥାଏ,
ଫେରି ଆସୁଥାଏ !

କିଏ କ'ଣ ପାଏ କି ହରାଏ,
ବୁଝିବାକୁ କାହାର ବା ବେଳ ଥାଏ !

ଖାଲି ମୋହରୁ ମୁକ୍ତିକୁ,
ଆଉ ମୁକ୍ତିରୁ ମୋହକୁ
ନେବା ଆଉ ଓ ଫେରେଇ ଆଣିବାର କାମଟି
ପୁରୁଷୋତ୍ତମ ଏକ୍ସପ୍ରେସ୍ ଯଥାରିତି କରି ଚାଲିଥାଏ !

ଯୋଉଠି ହାତ ପାହାନ୍ତରେ ସ୍ୱର୍ଗ,
ଯୋଉଠି ଅଣୁଅଣୁରେ ମୋକ୍ଷ,
ଯୋଉଠି କିଛି ବି ନମାଗି ସବୁ ପାଇପାରିବାର ପ୍ରବଂଚନା,
ସେଇଠି କେତେକାଳ ସ୍ଥିର ହେଇ ରହିପାରନ୍ତା ମଣିଷଟେ ଆଉ ?

ତେଣୁ ତାକୁ ଫେରିବାକୁ ହୁଏ ଦିନେ
ମୁକ୍ତି ଆଉ ପୁଣ୍ୟ ଗହଳୀରୁ
ତେଣୁ ତାକୁ ଓହ୍ଲେଇ ଆସିବାକୁ ହୁଏ ସ୍ୱର୍ଗର ନିଶୁଣୀ ଦେଇ
କର୍ମ ଆଉ କଷଣର ଦେହସୁହା ସୁଆଦ ପାଖକୁ,

ତେଣୁ ତାର ଯେତେ କ୍ଳାନ୍ତି ଯେତେ ଅବସାଦ
ସବୁ ଆଣି ଲଦେଇ ଦିଏ ଟ୍ରେନ୍ ରେ,
ଢେର୍ ହେଲା ପୁରୁଷୋତ୍ତମ ବୁଲା,
ଫେରେଇ ନେ ଫେରେଇ ନେ
ଅନ୍ତତଃ ଏଥର ବୋଲି ଅଳି କରେ ଟ୍ରେନ୍‌କୁ।

ବଡ ବେସୁରା ଓ କରୁଣ ଗଳାରେ, ଭିକାରୀଟି ଗାଉଥାଏ-
ଜଗନ୍ନାଥ ହୋ...
କିଛି ମାଗୁ ନାହିଁ ତତେ,

ଏଣେ ଭିକାରୀ ବାପୁଡ଼ାର ଥାଳ ଭରିଯାଏ !

ପୁରୁଷୋତ୍ତମ ଏକ୍ସପ୍ରେସ୍ ପ୍ଲାଟଫର୍ମ ଛାଡିଦିଏ।

### BLACK EAGLE BOOKS

www.blackeaglebooks.org
info@blackeaglebooks.org

Black Eagle Books, an independent publisher, was founded as a nonprofit organization in April, 2019. It is our mission to connect and engage the Indian diaspora and the world at large with the best of works of world literature published on a collaborative platform, with special emphasis on foregrounding Contemporary Classics and New Writing.

www.ingramcontent.com/pod-product-compliance
Lightning Source LLC
Chambersburg PA
CBHW021129080526
44587CB00012B/1208
* 9 7 8 1 6 4 5 6 0 1 7 0 8 *